スピード整理術

頭のいい捨て方・片づけ方60の具体例

中谷彰宏

PHP文庫

○本表紙図柄＝ロゼッタ・ストーン（大英博物館蔵）
○本表紙デザイン＋紋章＝上田晃郷

捨てることで、7つのメリットがある。

モノを捨てることで、運が開けます。

①決断力がつく。

整理をすることで、あなたは決断力がつきます。
捨てることはかなりの決断力を必要とします。
整理は引っ越しの時に限ったことではなく、毎日のことです。
誰でも「とりあえず取っておくというモノは、なしにしよう」と言われたら悩みます。
捨てるか捨てまいかという時の決断は、買うか買うまいかという時とは比べものにならないほどの大きなエネルギーを必要とします。

またモノを買ったり集めたりするよりも、捨てるほうが大きなエネルギーを使うものです。

結婚より離婚のほうが大変であるのと同じです。

捨てることであなたの決断力が鍛《きた》えられるのです。

決断力は、1人の人間として成功するために絶対に必要なことです。

決断力を鍛えるためには、「捨てる」という行為が大事です。

捨てないと決断力がどんどん鈍《にぶ》っていきます。

すべてを保留にすることは、あなたの生き方に反映します。

今あなたが机の上にとりあえず何でも取っておいているなら、あなたに降りかかっているすべての問題を後で考えようと山積みにしているに等しいのです。

これは、あなたの人生の問題を山積みにしていることになります。

古い新聞や週刊誌を、いつか読むかもしれない、いつか必要になるかもしれない、と家の中に積み上げておいたら大変なことになります。

しかし、人生においてはこれと同じことが実際に起こっているのです。

②頭が整理される。

モノを整理することによって、あなたの頭の中が整理されます。

目の前のモノを片づけることは、頭の中を片づける作業です。

片づけをする時、これはここへ置いておこう、これはここへ収納しよう、これはこのファイルの中に入れよう、と1つ1つ考えることが必要になります。

それに伴い、あなたの頭の中がどんどん整理されていきます。

③エネルギーが生まれる。

モノを捨てることで、あなたにエネルギーが生まれます。

「エイッ」と捨てた時、その反動で大きなエネルギーがグンとわいてくるのです。

「これを捨てるからには頑張ろう」という気持ちです。

大掃除は、「これも捨てる、これも捨てる」とやっているうちに気分がハイになっていきます。

引っ越しも同じです。

捨てるのに必要なエネルギーまで達していない時、捨てることはしんどくなります。

身のまわりにゴミのような資料がいっぱい積んであるのを見れば、ため息が出ます。

机も、ポストイットにメモを書くくらいのスペースしかなかったり、それさえなくて、引き出しを出してその上で書き物をすることになります。

捨てることで次のエネルギーが生まれます。

④スピードが出る。

モノを捨てることは、あなたにスピードをつけます。

ジャマなモノがなくなって、いつでも必要な書類がすぐに見つかります。

これまでは、捨ててもいいような書類があなたの仕事の足を引っ張っていました。

必要な名刺を探す時、必要のない名刺もパラパラとめくっていかなければならない。

たった3枚の名刺を100枚の中から探すのは時間がかかるから、つい後にしようと考えてしまいがちです。

しかし、それでは「今、電話をかけよう」と思っていたことまで後に延びてしまいます。

これは、あなたが整理をしてモノを捨てていないために起こることなのです。

時間を奪うのは、ヒトではなくてモノです。

あなたの時間は、必要のない情報、必要のない書類、必要のない名刺によってどんどん奪われていくのです。

⑤仕事ができる。

モノを捨てることで、あなたは仕事ができるようになります。

「これをやっておいて」と仕事を頼まれたら、すぐに取りかかれます。

この時、あなたの机が散らかっていたら、まず必要な書類を探すところから始めなければなりません。

あなたが探しているうちに、すぐに取りかかることができた人は仕事を終えているでしょう。

整理をすることで、あなた自身が、すぐに実際に具体的な仕事ができるようになります。

⑥ライフスタイルが生まれる。

モノを捨てることで、あなたのライフスタイルが生まれます。

なんでも「全部捨てなさい」とは言いません。

これは必要ない、とあなたが判断したモノを捨ててみましょう。

何を残すかを考え、いらないモノをどんどん捨てていくと、どうしても捨てられないモノが残ります。

最後に残ったモノがあなたの必要なモノです。

何でも10個ずつ残していては、あなたのライフスタイルは見えてきません。

あなたのこだわっているモノは何ですか。

台所の食器を考えてみましょう。

あなたも使っていないし、お客様にも出せないからいつでも捨てられるという食器があります。

一方で、どうしても捨てられない食器があります。

その捨てられない食器があなたのライフスタイルです。

台所ほどモノが多くて、整理が大変な場所はありません。

その割に、思い切って鍋《なべ》ややかんを捨てようとは考えないものです。

もらいもののノベルティのマグカップがたくさん目につきますが、実際にお客様に出したことはなく、あなたの使うマグカップは、その中のたった1つです。

使っていないマグカップが食器棚にあふれています。

これを捨てることで、あなたのライフスタイルを見つけることが大切です。

捨てても残してもどちらでもいいモノを捨てていくうちに、「これだけは捨てられない」というあなたのこだわりのモノが残っていきます。

それがあなたのライフスタイルなのです。

⑦ヤル気がわく。

モノを捨てることであなたのヤル気がわいてきます。

片づくと、「よし、仕事をしよう」という気持ちになります。

これは逆を考えれば簡単なことです。

散らかっていると、ヤル気は出ません。

お客様を呼ぶこともできません。

画家は、絵を描く前に、まず片づけることから始めます。

座っていきなり創作を始めることはせず、片づけをすることで、絵を描く気分を高めていくのです。

作家もそうです。

片づけることが精神的な助走になるのです。

試験勉強も片づけから始めます。

勉強からの逃避が勉強するための助走になっています。

試験の前にいきなり片づけを始めると、片づけだけで朝になってしまいます。

ふだんから片づけをしていれば、ちょっとした片づけがいい助走になるのです。


捨てることで、元気になろう。

整理上手になるために

1 見られてもいい収納にする。

2 自信のなさを、モノでカバーするのはやめよう。

3 作業台を物置にしてはならない。

4 物置台のスペースを広げない。

5 片づけに、時間をかけすぎない。

6 自分で持たずに、人に持たせる。

7 中身の見える透明のクリアファイルに入れる。

8 保管するモノに、期限を決める。

9 掃除をするために、片づけよう。

10 部屋の片づけの前に、冷蔵庫の中のモノを捨てよう。

11 整理する前に、捨てよう。

12 まず、新聞紙を捨てよう。

13 重複しているモノを捨てる。

14 迷ったら、捨てる。

15 もったいないという気持ちを切り替えよう。

16 安くても、まとめ買いをしない。

17 捨てるムダは、勉強代だと考える。

18 買い物が上手になるために、捨てる痛みを覚えよう。

19 捨てやすいモノから捨てて、勢いをつける。

20 残すことではなく、捨てることを前提にしよう。

21 顔が思い出せない人の名刺は、捨てる。

22 ゴミ箱を大きくするより、ゴミをこまめに捨てる習慣をつけよう。

23 他人にかわりに捨ててもらおう。

24 「いつか必要になるモノ」は、必要になってから買う。

25 「まだ使える」けど結局「使わない」モノは、捨てる。

26 「修理すれば使える」モノは、修理に出す。

27 中身の入っていない箱を捨てる。

28 捨てたモノが必要になるのは、1パーセントだと割り切ろう。

29 「いつか骨董価値が出る」と思うモノは、価値が出ない。

30 1年着なかった服は、一生着ない。

31 あげるモノは、今、あげる。

32 使わないモノは、もらわない。

33 もっとも早く会った人にあげる。

34 捨てるモノが決まらないうちは、買わない。

35 似たポーズの写真は、1枚だけ選んで捨てる。

36 タオルを捨てる時は、総替えする。

37 アイデアを出すために、捨てよう。

38 捨てるつもりで、メモや書類を読む。

39 1週間以内に捨てるFAXを、コピーしない。

40 回覧物はコピーしない。

41 モノは集めるより、整理することを考える。

42 捨てるための10分をけちらない。
43 その都度迷わないように、原則を決める。
44 いい手紙を書けるようになるために、手紙を捨てよう。
45 ガイドブックは、旅行から帰ったら捨てよう。
46 旅先で買えるモノは、持たない。
47 料理の腕をあげるには、キッチンを片づけよう。
48 掃除の時間を短縮するために、時間をはかろう。
49 掃除のダンドリを、日々改良しよう。
50 他の人がやる掃除と差をつけよう。
51 ブランドの空き箱を集めて、満足しない。
52 レンタルビデオ店にあるビデオは持たない。

53 何が入っているかわからないモノは、捨てる。

54 モノの数を、豊かさの基準にするのはやめよう。

55 買うより、借りる。

56 借りているモノを返す。

57 収納スペースは、3割をあけておく。

58 収納は、出しやすさより、戻しやすさを優先する。

59 「やせたら着られる服」は、期限締め切りを決めよう。

60 まず、机の上のモノを捨てよう。

スピード整理術

目次

第1章 自分に自信のある人は、モノが少ない。

第2章 捨てやすいモノから、捨てよう。

第3章 すぐに使わないモノは、一生使わない。

第4章▼モノを捨てると、新しいアイデアが生まれる。

第5章 本当に欲しいモノだけを、持とう。

あとがき

第1章

自分に自信のある人は、モノが少ない。

1 収納を、人に見せることができますか。

あなたは、今、家のクローゼットを見られても平気ですか。

「開かずの間」になっていませんか。

自分で自分のクローゼットを見たら、「見なかったことにしよう」と甘やかして許してしまうかもしれません。

でも、これを人に見られてもいい状態にすることが大事なのです。

私は、大前研一さんのご自宅を見せていただいた時、すごいなあと思いました。

お客様が来た時に、どの部屋も「大丈夫、見せられる」という状態にするには、その覚悟で片づけなければなりません。

「ここは開かずの間」と言ってしまうと、片づける意欲はなくなると思います。

収納というのは、決してバックヤードではありません。

裏のほうで人に見せないモノという日陰の存在にしてしまうと可哀相です。

きれいに収納されていると、収納ほどおしゃれなものはないのです。

デザイナーの家がよく海外の雑誌に載っています。

まったく生活感がなくて、こんなことはないだろうと思うかもしれませんが、でも実際そうなのです。

つまり、その人のポリシーが「見せられる収納」という状態になっているのです。

料理のうまい人のキッチンは、すごくきれいに片づいています。

その人の料理に対する姿勢があるから、鍋の積み上げ方、鍋のぶら下げ方、包丁の置き方、まな板の置き方が全部決まっている。

そこへちゃんとその人が戻すということは、その人の使いやすさでもあり、常に使っているということでもあるのです。

整理上手になるために 1 見られてもいい収納にする。

2 自信を持つと、モノが少なくなる。

モノが増えてくるのは、自信がないからです。

「自分はちゃんといいモノを着ているぞ」「貧乏ではないぞ」「ダサくはないぞ」「自分のポリシーでこれを着ているんだぞ」というモノを持っていたら、たとえ持っている洋服が少なくても自信を持てるのです。

モノをたくさん集めてしまうのは、人間の自信のなさの裏返しの表現です。

そのモノが好きで集めているのではありません。

机の上がきれいになっていると、「あいつは仕事をやっていないんじゃないか」と思われそうなので、散らかしたまま、忙しそうな素振りをするのです。

でも、「自分はちゃんと仕事をやっているぞ」という自信があったら、机の上がきれいに片づいていてもいいのです。

大前研一さんの、もう何年も使っているという机を見せてもらいました。引っ越してもそのまま同じ机を使われているのですが、片づいていてとてもきれいです。

大前さんのクローゼットのきれいさには、本当に驚きました。

あれを見ると、大前さんの仕事のやり方がすごくよくわかります。

自信を持つと、モノは少なくて済むのです。

整理上手になるために 2 自信のなさを、モノでカバーするのはやめよう。

3 机の上が、物置になっていませんか。

あなたの机は、仕事のできるスペースなのか、それとも物置なのか、まず決めてください。

机は作業をするところですが、現実には、いろいろなモノが置かれていて、とりあえず物置になっています。

これではスペースがなくなってしまうので、作業ができません。

自分の机を物置だと考えるのなら、物置にしてもいいですが、そこで仕事をするのだったら物置にしてはダメです。

机は物置ではありません。

物置じゃないのに物置になってしまっていたら、これをなんとかしなければいけない、という危機感を持たないといけません。

危機感というと、リストラに遭《あ》うとか、そんなだいそれたことばかり考えがちです。

今自分の机は物置になっているぞ、これでは自分は仕事をしていないということだぞ、という危機感を持たなければいけません。

物置になっているのに、仕事をしているような錯覚に陥《おちい》ってしまってはいけません。

まず、あなたの机は「物置ではない」という宣言をしましょう。

整理上手になるために 3 作業台を物置にしてはならない。

4 机を大きくしても、片づかない。

自分の机が小さいからいけないんだ、と考える人がいますが、大きい机があれば仕事ができるに違いないと思うのは、大間違いです。

冷蔵庫に何でも詰め込んでしまう人が、どんなに大きい冷蔵庫を買ってもダメなのと同じです。

スペースを広げようとして、よく通販でサイドテーブルを買ったりします。サイドテーブルがあったら、机が広くなって仕事がバンバン片づく、机上にあるモノをサイドテーブルへ持っていけば机が広く使えていいぞと思っているのですが、結局モノが増えるだけなのです。

たとえば、積まれている資料の高さが10センチあるとすると、スペースが倍になったら資料の高さは5センチになるはずです。

ところが、スペースが広くなると、不思議なことに、そこに積まれている資料の高さは低くなるどころか、かえって高くなります。

スペースが倍になると、そこに積まれる量もまた倍になるので、全体の量は増えていくのです。

作業台のスペースが物置になっている限り、そのスペースをいくら広げても、すべてが物置になります。

逆に、広げれば広げるほど、本来捨てなければならないモノ、ジャマになるモノが、どんどん増えてくるのです。

整理上手になるために 4 物置台のスペースを広げない。

5 片づけが仕事になってはいけない。

同じ会社で机を並べている人でも、ぐちゃぐちゃの人と、きれいな人と、両極端に分かれます。

中途半端な人はあまり見かけません。

きれいな人は、「几帳面だから」とは限りません。

あの人は超A型だから、きれいに整頓されている、と決めつけてはいけません。

几帳面すぎる人は捨てられないから、逆に散らかることがあります。

どこかある種アバウトな部分を残しておくことです。

自分は大ざっぱな人間だから、片づけに向いてない、ということはありません。

大ざっぱな人間だからばんばん捨てられて、片づけが上手なのです。

几帳面すぎる人は、整理が仕事になってしまって、結局、仕事をしているのではなくて、片づけばかりをやっていたりします。

でも、片づけはあくまでも手段なのです。

上司は、部下で散らかす人は、自分より気になるはずです。

いくら注意しても、なかなか散らかしグセは直りません。

部下ができた時に、初めて自分が片づけようという気持ちになります。

今まで自分の周辺が散らかっていた人でも、部下が自分より散らかしているのを見たら、これはなんとかしなくてはならないという気持ちになるものです。

整理上手になるために 5 片づけに、時間をかけすぎない。

6 優れた管理職は、モノが少ない。

資料の場合、誰かが持っているモノは持たなくていいのです。

資料の共有というのは、全員が持つことではありません。

資料を共有することは、たとえば10人のチームがあったら、10人のうちの1人が持っていればいいことです。

仲間同士で、「あれを見せて」とか、「あれをプリントアウトして」と言えば出せるモノは、あなたが持っておく必要はありません。

ところが、情報が少なかった時代に育ってしまった人は、「自分で持っていたい」という気持ちが常にあります。

たとえばそれが上司であれば、「部下に持たせるのがイヤだ」と思っている人がいっぱいいます。

部下に持たせたくなくて、常に自分だけで持とう持とうとするから、資料が手いっぱいになってしまうわけです。

情報を共有化しようと思って片づけるのがうまい人は、「これ、持っておいて」と部下に振り分けていくことができます。

そういう上司は、信頼もされるし、仕事もできます。

部下に資料を渡さないで抱え込んでいる人は、やはり仕事ができない上司で、部下からの信頼度も薄いのです。

部下が持っている資料を自分も持っている上司は、意外と少ないものです。

たいていは、部下に渡さずに、自分だけで資料を抱え込んでしまう上司のほうが多いのです。

10人のチームなら、10人が共同で作業をしているから、資料は共有化されるのが本来の姿です。

自分の資料は部下に渡しておいていいはずなのに、資料が手元にあまりにも多い人は、部下を信用し切れていないということです。

通常、上司は資料ゼロでいいのです。
それは部下が持っていればすむものです。
仕事のできない上司ほど、手持ちの資料が多くなってしまいがちです。

整理上手になるために 6 自分で持たずに、人に持たせる。

7 中身のわからないモノが、ゴミになる。

私自身は、スタッフにいろんな連絡事項とか資料を渡したりする時、透明のクリアファイルをたくさん買っておいて、それに入れるようにしています。

私は、病院で、それを思いついたのです。

病院で薬をもらう時、先生から薬の処方箋《しょほうせん》と受診カードなどを挟んで渡されたファイルを、薬局の窓口に出します。

それを出すと、名前を呼ばれたり、薬代を払ったりという流れになっているのです。

これはクリップで挟むだけではないのでなくならないし、とてもいいと思ったのです。

いろんなサイズ、いろんな形状のモノがありますが、私は全部A4のクリアファイルにして、秘書室とやりとりをしています。

これは、小さいモノは入れなくていいかというとその逆で、クリアファイルに入れないと、小さいモノのほうが紛《まぎ》れてしまうのです。

このクリアファイルは結構な枚数が必要ですが、行ったり来たりだから、増やす必要はありません。

小さいモノだから、ファイルに入れるほどのものではないと考えるのではなくて、規格を統一してやりとりをします。

内容が1枚だろうが10枚だろうが、1つのクリアファイルには1件。

2件も3件も一緒に入れるとわからなくなってしまいます。

これが透明ファイルであると、外から見て何であるかがわかります。

捜し物が見つからなくなるのは、見えないところに入ってしまうからです。

見つからないのではなくて、見えなくなっているのです。

透明でない袋に入れてしまうと、中身が何かわかりません。

透明じゃない袋に入れて、いちいちこれは何々と書くのが面倒だったら、透明な袋に入れてしまえば、パッと見てわかります。

2件以上入れてはいけないのは、下に入ってしまったモノは、もう見つからなくなるからです。

外から常に見えていることが大事なのは、冷蔵庫でいえば、余裕があることと同じです。

クローゼットでいえば、よく出し入れするモノがちゃんと見えるところにある状態です。

奥と手前の2段に入れたりして、奥のほうによく使うモノまで入ってしまうと、そこにあるモノが見えなくなってしまうのです。

収納を見せるということは、自分自身に対して見せることにもなるのです。

見えていることで、きれいにしようという気持ちも起こるし、使いやすく便利で、捜す手間が省《はぶ》けて時間も節約できるということなのです。

整理上手になるために 7 中身の見える透明のクリアファイルに入れる。

8 「もう少し」取っておくモノが、一生のゴミになる。

資料やデータは、今は必要でも、1週間後には必要でなくなるモノがあります。
今日必要だけれども、明日は必要ではなくなるモノに新聞があります。
新聞は、読んだら必要ではなくなります。
今必要だけれども、取っておくモノには期限を決めます。
そうしないと、今必要なモノは全部取っておくことになります。
その瞬間、瞬間は必要でも、別の時には必要でなくなるモノもあります。
冷蔵庫の中の卵には、賞味期限があります。
卵というのは、外から見ても腐っているかどうかわかりません。
今は賞味期限のシールが貼ってあったり、貼っていないモノに関しては鉛筆で書いておくような形になっていたりします。

1つ1つのモノに、これは今取っておくけれどもいつまで、というふうに、賞味期限を決めておく作業をするのです。

永遠に生き残る権利が生まれたわけではないのです。

意外に、今必要だけれども、しばらくの後、ある一定期間の後は必要じゃないモノが結構多いのです。

1回生き残ったら永遠に生き残ると甘やかしているから、場所をとってしまうのです。

整理上手になるために 8 保管するモノに、期限を決める。

9 片づけないと、掃除できない。

ジャマなモノがどんどん増えてくると、汚れてきます。

モノが増えるのと汚れるというのは別な話です。

掃除は汚れているモノをきれいにすることです。

ほうきもゾウキンも使わない整頓は、元にあったところへ戻すということです。

余計なモノが増えて片づいていない状態ですと、掃除ができないから汚れてきます。

私のオフィスには、2週間に1回ダスキンさんが来て、清掃してもらっています。

ダスキンさんが来るといいのは、ダスキンさんが来る直前に、一生懸命机を片づけ、掃除ができるようにちゃんとスペースをつくっておくことです。

掃除しにくいと申しわけないし、資料を動かしてはいけないと思わせてしまうと、その分は掃除されずに残ってしまいます。

「ダスキンさんが来るから片づけなければいけない」と思うことが、私の片づけには役立っています。

片づけと掃除は別です。

片づけないとどんどん汚れがたまってきますが、片づけていると、掃除がしやすいから汚れません。

掃除を誰かにやってもらうのではなく、自分自身でする時でもできるということです。

掃除をしようと思っても、実はできないという状態になっていたら、まず片づけないとダメです。

オモチャが散らかっている子供の部屋を思い浮かべてください。

オモチャが散らかっていると、掃除機をかけられません。

掃除機をかけられないからホコリがたまっていくのです。

バナナの皮が落ちていてもわからなくなってくるのです。

学生の部屋がとんでもなく汚いのは、散らかっているからです。

でも、散らかるだけでは汚くなりません。

散らかる状態が延々と続いて、掃除ができないから汚れていくのです。

片づけると、スペースがあくから、「あ、きれいにしよう」という気持ちになります。

そこにバナナの皮が落ちていたら、気になって拾います。

ところが、バナナの皮の上に書類が載っていたらわかりません。

グニャッとしたヘンな感触があるのもイヤですし、妙な臭いもイヤですが、そういうことが起こるのです。

食べ物がそこにあることがわかるので、バナナならまだいいのですが、これが腐った資料だったら臭いがしないから怖いのです。

書類は黒ずんできたり黄ばんできたりするぐらいですが、でも汚れてくるのです。

整理上手になるために 9 掃除をするために、片づけよう。

10 机は、冷蔵庫と同じ。

あなたの家の冷蔵庫は、あなたの机の状態とウリ二つです。

机とはそもそも何でしょう。

机を冷蔵庫に置きかえて考えれば簡単にわかります。

冷蔵庫にはモノがいっぱい入っています。

大きい冷蔵庫を買っても、モノはどんどん増えていっぱいになります。

しかし、満杯の冷蔵庫の中で、本当に必要なモノはそのうちの3分の1にすぎないのです。

冷蔵庫の中身には3種類あります。

①3分の1は、本当に必要なモノ。
②3分の1は、腐っているモノ。
③3分の1は、重複しているモノ。

ある日突然、冷蔵庫の奥から出てくるモノがあります。「これは何だっけ?」「いつ買ったっけ?」と思って見ると、白いカビが生《は》えています。

中身を確かめるのが怖いモノは奥へ奥へと入っていきがちです。ふだんは手前だけを使っているから、そのうちに忘れてしまいます。何かを探して奥を見た時に不意に出てくる。

冷蔵庫の食品だとよくわかりますが、それと同じように、あなたの机の上の3分の1のモノは腐っています。

資料も腐って、カビが生えています。

冷蔵庫の中でカビが発生すると、新鮮な野菜にもうつります。机の上でも、腐っている資料によって元気な資料がカビていきます。

腐ったモノと新鮮なモノが混ざっていては、新鮮なモノは見つけられません。

整理上手になるために

10

部屋の片づけの前に、冷蔵庫の中のモノを捨てよう。

第2章

捨てやすいモノから、捨てよう。

11 整理とは、捨てることである。

片づけはいったん始めればどんどん進みますが、それが片づかなくなったら手遅れです。

片づけきれなくなった時の解決策が必要となります。

まず、目の前のモノを片づけるか片づけないかの原則が必要です。

「整理整頓」という言葉がありますが、「整理」と「整頓」はどう違うのでしょう。

あなたは、「整理」はモノをまとめる、「整頓」は収納することだ、と考えてはいませんか。

自分の机の上はまとまっている状態だ、と思い込んでいるかもしれません。

たしかに「整頓」は「収納すること」、もとの場所に返すことです。

しかし、大事なのは、「整理」は「捨てること」だということです。

整理は、基本的に捨てることから入らないとダメです。

モノを「所有する」から「利用する」に考え方を変えなければなりません。

利用済みのモノは取っておかずに捨てる。

捨てるには思い切りが必要です。

誰にでも、今は使わないけれども、いつか使うかもしれないからとりあえず取っておこう、というモノがいっぱいあります。

机のまわりはほとんど「とりあえず取ってあるモノ」です。

これでは整理されているとは言えません。

「とりあえず」のモノをゴミ箱にどんどん捨てていけるのが整理された状態です。

モノは利用するものだ、という概念を持たなければいけません。

整理上手になるために 11 整理する前に、捨てよう。

12 整理できる人かどうかは、家の中に残っている新聞紙でわかる。

あなたにどれだけモノを捨てる習慣があるかどうかは、家の中の新聞紙を見ればわかります。

いったい何日前の新聞まで家の中に残っていますか。

家の中に残っている新聞は、これからあなたが読もうとしている新聞もカウントします。

現在、広げて読んでいる状態で新聞が置かれているとします。

それから、もう捨てようと思って、部屋の中の捨てるコーナーに置いてある新聞も含まれます。

新聞には日付が入っています。

整理上手になるために 12 まず、新聞紙を捨てよう。

昨日の新聞はもう必要ありません。

たとえ今日の新聞であっても、読み終わった新聞はもう必要ありません。

なぜ捨てないかというと、「なぜならば、テレビ番組がわからないから」と、捨てない理由を一生懸命理論武装する人がいます。

でも、その人はただ優柔不断なだけです。

テレビ欄も、今はテレビ誌がありますからいりません。

通常、持ち物に日付を入れている人はいません。

何日も前の新聞が家の中に残っている人の家では、たとえば冷蔵庫を見たら、腐っているモノが必ず入っているはずです。

家の中に新聞が散らかっているというのは、すごく散らかった状態に感じます。

新聞は1度読むと、乱れてもとの状態には戻りません。

要するに、あなたにどれぐらいモノを捨てられる習慣があるかどうかは、今あなたの家の中に何日前の新聞があるかで見極めることができます。

13 重複しているモノが、ゴミになる。

冷蔵庫の中身のうち3分の1は、同じモノが2個以上あるモノです。

冷蔵庫には奥行きがありますから、ふだん手前のモノは見えていても、奥のモノは見えていません。

「○○はない」と思って買ってきたら、奥のほうに隠れていた、ということがよくあります。

1度冷蔵庫の中のモノを全部出してみましょう。

同じモノがいくつも出てくるはずです。

鍋ややかんも基本的に同じモノは2ついりません。

机の上にも、捜してなかなか見つからないためにまた買ったモノや、もらったモノが置いてあります。

まったく同じ資料がいくつもあります。

1つの資料でも、日付が更新され、前のモノはいらない場合があります。企画書も必要なのは最新版だけですが、1つ前の企画書、2つ前の企画書、3つ前の企画書が全部取ってある。

そうすると、うっかり前の資料を持ち出して話し合ってしまうことがあります。最新版を待っている取引先に、間違って古いモノを送ってしまいます。

相手に賞味期限の切れたモノを食べさせるのと同じですから、危険です。

机の上の3分の1のモノは、ホンモノとして使えるモノです。

3分の1は、腐っており、捨てていいモノです。

3分の1は、重複して存在するモノです。

重複しているモノは、最新版のホンモノを埋もれさせ、やがて腐らせてしまいます。

つまり、3分の2は捨てていいモノだと考えると楽になります。

これを捨てようか捨てまいかと考えるのはエネルギーを必要としますが、1度チェックしてみましょう。

腐っているモノを「もったいない」と言う人はいませんから、捨てていいでしょう。

そのためにほかのモノまで腐ってしまうほうがよっぽどもったいないといえます。

重複しているモノは1つしか使わないモノです。

ある日、私の家の食器棚の引き出しがあかなくなりました。

整理用のトレーを使ってきれいに収納しようと思ったら、湯豆腐をすくう網が4つも出てきました。

それは、あるお店で食事をするたびにおみやげとしてもらい、置いて帰るのも悪いから持って帰っていたモノでした。

そんなモノは1個あれば十分です。

一番いい状態のモノを残し、あとは捨てました。

それだけで引き出しの中はガラガラになり、スムーズにあくようになります。

ワインオープナーがたくさんあるわりに栓抜きが見つからない。なくなったと思って買ってくると、どこかに埋もれています。

そして、買ったモノと合わせて2個あるはずがまた見つからない、ということがあります。

同じことが資料にも起こります。

あなたの机の引き出しがあかなくなったら、

「何かを捨てないとダメ。整理する時ですよ」

という神様のお告げだと考えてください。

引き出しがあかなくなるほど大量の文房具が必要になることはないのです。

整理上手になるために 13 重複しているモノを捨てる。

14 使うか、使わないか、迷うモノを捨てる。

整理する時、モノは3通りに分かれます。

①どうしても捨てないモノ。
②どう考えても捨てるモノ。
③その中間で、捨てるか捨てまいか迷っているモノ。

一番大切なのは、③の中間の境目です。
あなたのクローゼットを思い浮かべてみてください。
あなたがどうしても残しておこうというモノは迷いません。

腐っているモノも捨てることを迷ったりしません。

どうしても捨てられないモノが1割、必ず捨てるモノが1割、その間のどちらか迷っているモノが8割あり、1対8対1です。

整理がヘタなあなたは、迷っているモノとどうしても捨てるモノの間に境目を置きます。

そして、1割しか捨てません。

これを繰り返していくたびにモノはどんどん増えていきます。

では、どちらか迷っているモノの中の「捨てる、捨てない」の境目はどこに置いたらいいのでしょうか。

大原則は、「迷ったら捨てる」ということです。

8割の中で線を引くことは不可能です。

線を引こうとすること自体が間違いです。

8割にまで膨《ふく》れ上がったのは、迷ったらとりあえず残そう、ここに潜《もぐ》り込めば勝ちだ、と全部押し込みで入れた結果です。

あなたの優柔不断さが8割の部分を生み出したのです。

優柔不断な人は、「どちらとも言えない」という答えが一番多いのです。

「必ず取っておく」「必ず捨てる」モノは誰も迷いません。

「どちらとも言えない」モノにイエスかノーかの決断をする時、いつも保留にしてきたはずです。

迷ったら捨てると決めたら、「どちらとも言えない」という答えは減り、8割の部分はどんどん減っていきます。

「どちらとも言えない」モノをいかに減らすかは、仕事をする上で大事なことです。

捨てることは、実は決断の仕方なのです。

「どちらとも言えない」というのが捨てられないもとです。

8割を4割ぐらいにするところで第一の決断があります。

究極は、「どちらとも言えない」をゼロにすることです。

本当は5割を残し、5割は捨てられます。

それですっきりします。

あなたは、1割プラス8割を捨てるんだったら1割しか残らない、それは大変だ、と一瞬思ったかもしれません。

問題は、あなた自身の人生で保留を8割も残しておいていいのか、ということです。

整理上手になるために 14 迷ったら、捨てる。

15 捨てるのがもったいないのではない。置く場所と、捜す時間がもったいないのだ。

安いから買いだめしておいたほうがいい、という時代もありました。
今はまとめ買いを絶対にやめなければなりません。
旅行先で安いからとトイレットペーパーを買いだめする人がいます。
あなたはそれはヘンだと思うかもしれません。
しかし、日常生活で同じことをやっている人がいます。
「アスクル」に頼めば、明日に届くモノでさえまとめ買いをするのです。
「もったいない」というのは、たいてい金銭的にもったいないという意味です。
しかし、空間と時間もお金と同じで、もったいないと思わなければいけないのです。

空間と時間も限られた資源です。

机の上の限られたスペースにも家賃はかかっています。

あなたがお金がもったいないと思って残しているモノは、実は空間をムダにしているのです。

1個あればすむモノが2個ある時、必要のない1個がスペースを奪っています。

とりあえず取っておくことが空間をムダにします。

あなたが埋もれたモノを探しているなら、時間をムダにしています。

今大事なのは、金銭的なムダではなく、空間と時間という一生の限られた資源のムダです。

お金はなくなってもまた稼《かせ》ぐことができますが、時間は奪われたら取り返すことはできません。

整理上手になるために 15 もったいないという気持ちを切り替えよう。

16 「安いから」というまとめ買いが、一生のゴミになる。

誰でも捨てる時にもったいないと考えるのは、お金の問題があるからです。

足りないと思って新しく買ったモノなら、たとえ100円のボールペンでも、買ってきたモノだから捨てるのはもったいないと取っておきます。

私の事務所の3大方針は、「スピードを大事にすること」「まめにすること」「おしゃれにすること」です。

事務所をおしゃれにするには、散らかっているモノを捨てることです。

使わないから、散らかるのです。

オフィスですからどうしても必要なモノはたまってきます。

そこで、私は事務所に行った時に「これはいらないから捨てよう」という判断を伝えるようにしています。

おしゃれの大原則は、まとめ買いによるストックを置かないことです。

私のスタッフが、10枚入りと100枚入りのファイルボックスがあった時、割安となる100枚入りを買ってきたことがあります。

私が1週間で10枚を使うとすると、100枚使い切るのに2カ月半かかりますから、その間事務所には段ボール箱が置かれっぱなしになります。

私は、

「事務所をおしゃれにし、スペースを広く使うために、今度から単価は高くとも10枚入りを買っていい。今回は、残りはもったいないけれども、捨てよう」

と、余計なファイルボックスを捨てました。

整理上手になるために 16 安くても、まとめ買いをしない。

17 捨てることで、大事なことを学ぶことができる。

100枚のファイルボックスがなくなるまで置いておかずに、今すぐ捨てることで、私のスタッフは、

「今度からこういうことはしてはいけないな」

とわかります。

捨てることによるムダは、どのように買い物をすべきかを学ぶ勉強代です。

スタッフに整理の仕方や捨て方を覚えてもらうための授業料でもあります。

本当は、

「この100枚を使い切ったら、次からは10枚ずつを買ってください」

と言いたいところです。

しかし、私は物事をスピーディーに処理し、スタッフの心の中にインパクトが残ることを願って捨てました。

それによって、私の方針を正確に伝えることができます。

2カ月半先ではなく、今すぐわかることが大事なのです。

整理上手になるために17 捨てるムダは、勉強代だと考える。

18 「捨てる辛さ」を経験すると、買い物がうまくなる。

迷った末にモノを捨てる時、「もったいない」という心の痛みを伴います。

誰しも本当にお気に入りのモノは捨てられません。

捨てる時の心の痛みは、あなたが次に買い物をする時のトレーニングになります。

買う時に、捨てた時の心の痛みがよみがえり、あの時、結局は捨てなければならなかったことを思い出します。

買うという行為は難しいものです。

買う行為を、買いながらトレーニングすることはできません。

100枚入りのほうが値段が安いけれどもどうしようかと考えた時、「前にこれを捨てて、もったいなかった」

という思いがあれば、買い物に対する真剣味が変わってきます。

「100枚入りでいいや」

とイージーに選ばなくなります。

洋服でも同じです。

あなたがほとんど着ていない服を捨てる時、お金を出して買ったのにもったいない、と感じます。

ほとんど着ないで捨てるのなら買わなければよかった、と後悔します。

それからは、あなたが本当に好きで、これは捨てないという自信があるモノしか買わなくなります。

捨てることによって、あなたの感性は磨かれます。

春物に衣がえをする時、冬物をクリーニングに出します。

この冬1度も着なかった服があります。

今年買って着なかったモノは置いておくとしても、去年のシーズン前に買って、去年1回着て、今年は1回も着なかった服があります。

それは、買うのを間違った服です。

バーゲンでの買い物は特に危険です。

去年のシーズンの終わりに買って、今年着なかったばかりではなく、衣がえの時に「こんなモノがあったのか」と気づいた経験があるでしょう。

クローゼットの中を見ると、服がギューギューにかけてあり、着ない服が着られる服を隠しています。

クローゼットには、服に変なしわや折り目がつかないよう、詰め込まない。楽々出せる状態にしておかなければなりません。

クローゼットの中の服も、冷蔵庫の中のモノと同じように、3分の1は腐っています。

3分の1は似たような服です。

似ているのでなくすべてが同じモノなら、おしゃれな人と言えるかもしれませんが。

人の好みは似ているものです。

デザインは似ていても、その中にやや安いモノやバーゲン品が入っています。

「ここ一番」という勝負の時はいいモノを着ますから、結局その20パーセントオフのモノやバーゲン品は着ません。

そこで捨てることを経験し、安物買いをしなくなります。

値段だけではなく、好みを考え、本当に好きなモノだけを買うようになります。

買い物では服が増えた満足を得られるにすぎません。

捨てることで感性がトレーニングされるのです。

整理上手になるために 18

買い物が上手になるために、捨てる痛みを覚えよう。

19 1個捨てるより、10個捨てるほうが簡単。

モノを簡単に捨てるための大原則があります。

モノを捨てるにはエネルギーが必要です。

1個だけ捨てるには大変な量のエネルギーがいります。

ところが、10個捨てるのは楽です。

勢いがついてくるからです。

私は靴でこの大原則を実感しました。

ある時、私は思いました。

よそのお宅に行った時に、脱いで上がっても恥ずかしくないようないい靴を履かなければダメだ。

それ以外の靴は捨てよう。

捨てるコツは、これはどうしようもなく腐っているから捨てていい、というモノから捨てることです。

モノには、3つのランクがあります。

①どうしようもないぐらい腐っていて、すぐ捨てないといけないモノ。
②どちらとも言えないギリギリのモノ。
③残しておいたほうがいいモノ。

ここでギリギリのモノから考えたら、やっぱり全部取っておこうとなります。

引っ越しの時に一番起こるのがこのパターンです。

1つ残したために全部残すことになります。

これを残すのならこれも残さないといけないと、捨てる箱に入っていたモノが引っ越し先へ持っていく箱の中へどんどん移動していくのです。

結局捨てるモノはほとんどなくなります。

この逆のパターンがあります。

捨てていいモノを1つ捨てると、気持ちがいい。げた箱やクローゼットに少し余裕ができると、これも捨てていいんじゃないかなという気持ちの余裕が生まれてきます。

一番端《はし》にあった捨てていいモノがどんどん見えるようになり、捨てていいモノと残すべきモノとの境目の見極めがついてきます。

この、明確に境目が見えること、が大事です。

服はたくさんあると捨てられないのは、詰まりすぎて境目が見えないからです。服は残す順、捨てる順のグラデーションに並んでいません。

残す順と捨てる順は本当はあってもいいのです。

手前にあるモノがよく使っているモノだから、奥のほうにあるのは捨てていいモノです。

捨てていいモノが奥へ奥へと押し込まれ、目につかなくなるから余計に残っていきます。

資料も同じで、捨てていいモノが下へ下へと行き、下にあればあるほど使っていません。

冷蔵庫では奥へ奥へと行きます。

つまり、よく使っているモノは見つかりやすいところにあります。

使っていないモノは捨てていい状態で奥に押し込まれていて、手前のモノを押しています。

捨てるには勢いが大事です。

週に1つ捨てれば、1カ月に4つ捨てることができると考えるのは間違いです。

大掃除をして、

「よし今日は5つ捨てるぞ」

と5つ捨てたら、人間は勢いがついてボンボン捨てられるのです。

その時はテンションが上がっています。

「掃除をするのは面倒くさい」

と思っていても、いざ始めると、

「エイッ、ここもついでにやってやる」

と今までやったことのない家具の下まで掃除が進みます。

そしてあなたは、ゴミ袋が次から次へといっぱいになっていく快感を味わうことができます。

人間は本来ためることと同様、捨てることによっても快感を得られるのです。

捨てることは資源のムダではなく、非常に生産的な活動です。

何かをつくり出すための空間や時間を生み出す、というクリエイティブな作業なのです。

整理上手になるために 19 捨てやすいモノから捨てて、勢いをつける。

20 手紙や年賀状は、捨てることを前提にする。

あなたに届いた年賀状を考えてみましょう。

あなたは毎年ダイレクトメールだけを捨てます。

あなたが「年賀状は取っておくモノである」という考えを持っていることがわかります。

しかし、取っておいた年賀状を何度も読み返すことはありません。

年賀状を書く時、住所を写すために前の年の年賀状を取っておく人はいません。

必要事項は入力しておいたり、名刺を見て書きます。

年賀状は、よほど好きな人からのモノ、よほど凝《こ》った手書きのモノや写真つきのモノなど、どうしても残したいモノ以外は捨ててもいいのです。

年賀状を必ず取っておくという姿勢から、大原則は捨てるけれども、どうしても捨てられないモノは取っておいてもいい、という姿勢に転換すると、身のまわりが変わってきます。

整理上手になるために 20 残すことではなく、捨てることを前提にしよう。

21 顔が思い出せない名刺は、結局役に立たない。

名刺の整理の仕方を見るだけで、あなたの仕事ぶりがわかります。

冷蔵庫やクローゼットの状態もわかります。

顔を思い出せない人の名刺は捨てていいのです。

相手の顔を思い出せない名刺は使い物になりません。

この先、何かの時に使うことはありません。

名刺を見ても顔を思い出せない人と会った時は、あなたから挨拶をして、また名刺を出していることでしょう。

あなたは顔を思い出せない名刺をいっぱい持っています。

そこで、「名刺は基本的には捨てるものだ」という姿勢を、まず持たなければなりません。

そうすれば、会った時に顔を覚えようと努力します。

名刺は基本的には取っておくものだ、という姿勢でいると、いつまでたっても相手の顔は覚えられません。

大事なのは名刺ではなく、相手を覚えることです。

覚えようという意識でいても、しばらくたって名刺を見た時に顔を忘れているようだったらその名刺は必要ありません。

家に帰ったら、その日にもらった名刺を取り出して、「これはあの人だ」と確認をします。

会った日の夜、名刺をよく見るようにします。

名刺を見ても相手の顔を思い出せないのは、名刺の整理をほったらかしにしているからです。

あなたは名刺入れの中にもらった名刺をためていませんか。

人の名刺を出しながら、あなたの名刺を探していては、何をやっているんだということになります。

とても1日でそれらの全員に会ったとは思えません。

1週間前にもらった名刺が名刺入れにそのまま入っていては、誰が誰だかわからなくなるのも当然です。

パーティなどでは、何人もの人から名刺をもらいますから、家に帰ったらどれが誰だかわからない場合がほとんどです。

わからない状態では、名刺を持っていても使いようがありません。

まず、それを使うことはありません。

もらった名刺の中で、本当に使えるのはごく一部です。

その場合も、必要事項は手帳に入力してしまうので、名刺自体は持ち歩きません。

メールのやりとりを1回すれば、受信歴に残りますから、メールアドレスも必要なくなります。

必要なのは最初のメールを送る時のみですから、後生大事《ごしょうだいじ》に取っておくことはありません。

名刺を捨てると、あなたは覚えようと努力しますから人脈が広がっていきます。

それがあなたの仕事の成功、人生の成功につながっていきます。

覚えていない名刺は捨てなければなりません。

あなたの頭の中で相手の顔を思い出せないのなら、その名刺は結局生かせません。

あなたが相手を覚えていないなら、相手もあなたを思い出してくれません。

名刺の整理をするのに、手書きも手入力も「面倒くさい」と感じたらやってはいけません。

整理が目的になってしまっては本末転倒です。

整理はあくまでも手段です。

名刺をもらった人とどれだけ友達になれるか、人脈が広げられるか、のほうが大事です。

忙しいからといって、入力は後で1カ月分まとめてやろうと考えると、誰が誰だかわからないものを一生懸命入力することになります。

こんなデータでは、入力してどのように使うことができるでしょう。

こんな時間のムダはありません。

捨てることはあくまでも手段です。

捨てることで、あなたの生きる姿勢、日々の暮らし方が変わってきます。

整理するのが面倒にならないようにうまくやっていくことが大切です。

整理上手になるために 21 顔が思い出せない人の名刺は、捨てる。

22 ゴミ箱を大きくしても片づかない。

片づけるために、ゴミ箱を大きくすればいいのでしょうか。
いくらゴミ箱を大きくしても、部屋は片づきません。
まず、ゴミを出す習慣をつけないとダメです。
ゴミ箱が大きくなったら、かえってゴミを出す習慣がつきにくくなります。
ゴミが滞《とどこお》る期間が長くなるだけのことです。
ところで、私はどんどんモノが捨てられるように大きいゴミ箱を使っています。
ゴミ箱が小さいと、すぐいっぱいになってしまいます。
そうすると、ついゴミ箱に捨てないで、取っておこうとしてしまいます。
だから、大きいゴミ箱へどんどん捨てていくことにしています。

ゴミ箱にどんどん捨てたモノを、ちゃんと捨てに行く習慣がついている人なら、大きいゴミ箱にしても大丈夫です。

ところが、捨てる習慣がない人が大きいゴミ箱を持つと、ますますゴミをためてしまいます。

それなら、ゴミ箱を小さくしたらいいのでしょうか。

それでもやっぱり捨てないでしょう。

ゴミ箱が小さいと、ゴミ箱はすぐにゴミでいっぱいになってしまうので、ますます捨てずに取っておくという悪循環に陥ります。

要するに、余計なモノを取っておくタイプの人は、ゴミ箱の大きさの責任にしているだけで、実は不必要なモノを捨てる習慣がないだけなのです。

整理上手になるために 22 ゴミ箱を大きくするより、ゴミをこまめに捨てる習慣をつけよう。

23 他人のモノは、迷わず捨てられる。

どうしても捨てられない時、たとえば2人暮らしの人なら、相手のモノを捨ててみることです。

自分のモノは捨てられないのに、他人のモノは平気で捨てられます。

「これ、いるの？」

と突っ込まれたら、

「うーん」

と返答に困ってしまいます。

でも、取っておく根拠のないモノが実はいっぱいあります。

取っておくべきか、捨てるべきかというグレーゾーンのところは、他人から根拠を突っ込まれたら、やっぱり根拠は見つかりません。

捨てるには自分では踏ん切りがつきません。

他人に捨ててもらうのは、意外といい捨て方です。

自分では、そのモノにトドメを刺せないからです。

お互いの机を入れかわって捨ててしまえば、血も涙もなく捨ててくれることでしょう。

ある会社の大掃除では、ある部署の人間が、別の部署の掃除を担当することによって、きれいになったそうです。

共有の棚に必要なモノが置いてあった人は、ある一定の日までに取りに来ないと捨てる、ということにすると、必死になって確保しています。

自分で片づけるとなると、「全部いります」と言って、いつになっても片づきません。

でも、人に捨てられてしまうとなると、本当に血も涙もなく、まったくなくなるので、あわてて、いるモノを取りに行きます。

それをやると、怒る人も出てきます。

でも、捨てられて怒っているのはやはり10個に1個であり、残りの9個は、人にトドメを刺してもらって、かえってよかったと思っているはずです。

これを取っておこうか、捨てようか、という価値基準は個人個人で違います。

違って当たり前です。

その違っている部分を、捨てることにうまく利用していくことです。

その時に、「いや、これだけは勘弁してくれ」というモノだけが、きっと出てくるはずです。

自分で捨てていると、「これだけは勘弁してよ」というところまで、なかなか凝縮できません。

本当は、あなた1人の中で、他人の目で捨てていければいいわけです。

捨てる時には、別人格になることです。

捨てられない人は、そのモノが捨てられないのは自分のせいだ、という認識はたぶんありません。

実は捨てられない人のほうが多重人格で、「これは自分の中の誰かが取っておけと言ったからだ。自分はよくわからないけど」というようなノリかもしれません。

あなたはわからなくても、なんとなく取っておくようにとささやく声がするのかもしれません。

そうなると、これを取っておくかわりに、これも取っておいて、という話になっていきます。

これを残すのなら、これも残すというふうに、1つ認めていくと、結局全部残す形になります。

そうではなくて、これを捨てるなら、これも捨てようという議論にしていったほうがいいのです。

整理上手になるために 23 他人にかわりに捨ててもらおう。

第3章

すぐに使わないモノは、一生使わない。

24 「いつか必要になるモノ」が、一生のゴミになる。

「いつか必要になるモノ」は、必要になってから買うことです。

「いつか」ですから、かなり先になるかもしれません。

もしかしたら永遠に来ないかもしれません。

「いつか」までの時間と、モノを保管しておくのに必要な空間とを掛け合わせたものと「モノの値段」を比較してください。

前者のほうが圧倒的に高くつきます。

「いつか」は永遠に訪れないのです。

「2度と買えないモノ」なら、買っておいてもいいでしょう。

ただ、今の世の中で2度と買えないモノはほとんどありません。

問題は、あなた自身に思い出の品としての愛着があるかどうかです。

愛着があるなら、思い出用の箱として目につかないところにしまっておく。

ふだん使わなくても、大切に取っておきたいモノがあります。

それは倉庫にしまっておくという形でいいのです。

家の中が散らかって見えるのは、思い出として捨てられないモノと、骨董《こっとう》価値が出そうで捨てられないモノと、もう使わないけれどもまだ使えるモノとが一緒に置かれているからです。

「なぜこれを取っておくのか」その根拠をこれらの基準に照らし合わせてみるとそれがよくわかります。

まず、家の中に取ってあるモノ1つ1つの根拠を自分なりにチェックすることから始めてみてください。

整理上手になるために 24 「いつか必要になるモノ」は、必要になってから買う。

25 「まだ使えるモノ」が、一生のゴミになる。

「まだ使える」と言って、いつまでも捨てないモノがあります。

たしかにまだ使えますが、実際に使うことはほとんどありません。

使えるけれども使わないモノ、これが家の中でゴミになります。

捨てるか捨てないかは、モノが「故障しているか、していないか」ではなく、あなたが「使うか、使わないか」を基準に考えなければいけません。

家の中に「使えないモノ」を取っておく人はいません。

「使えないモノ」を捨てるのは仕方がないと納得できます。

あなたが一番迷うのは、「まだ使えるモノ」です。

現代の品質のよい製品は、よほどのことがない限り壊れません。

「まだ使える」か、「もう使えないか」の境目もあやふやです。

テレビなら映らなくなるから、境目は簡単にわかります。

これがTシャツだと境目はあやふやです。

ゾウキンのようなボロボロのモノも引き出しに入れています。

あやふやなモノは結局着ないモノです。

あやふやなモノでも頑張ってギリギリまで着るなら取っておいてもいいです。

着ているか着ていないかわからないようなモノでも、あなたが必ず着るなら問題ありません。

日用品は使えなくなるところまで頑張って使い切ります。

使えるのに使わないで取ってあるモノは、使用頻度の低いモノです。

ボールペンを途中で捨てる人はあまりいません。

最後まで使い切るか、なくしてしまうかのどちらかです。

たまにしか使わないかすれたマーカーや乾いたスティックのりは、捨てるかまだそれは使えるかで意見が分かれます。

冷蔵庫の中身も同じです。

腐っていたら、迷うことなく捨てられます。

腐らないまでも、酸化しておいしくなくなっているモノは判断に困ります。

食べ物に限らず、すべてのモノに同じようなあやふやな状態があります。

腐っているモノを食べれば、すぐにおなかを壊します。

酸化しているモノを食べてもおなかは壊しませんが、長期的に考えると、体に悪い。

時間がたったモノは結局食べません。

食品の賞味期限には守るモノと守らないモノがあります。

卵は慎重になりますが、おせんべいなどの乾きモノは「これくらい大丈夫かな」と考えます。

もったいないからと古いモノを捨てないのは、結局ムダづかいになります。

いつも古いモノから順に食べていると、その間に新しく入ってきたモノはどんどん古くなります。

新しいほうから食べれば、古いモノはさらに古くなり、永遠に食べることはありません。

結果は同じです。

あなたが古い順番に食べるなら、今日買ってきたモノを食べるのはずいぶん先になります。

いつまでも古いモノを食べ続けなければなりません。

これが仕事なら、あなたは今日頼まれた仕事を今日中に手がつけられず、先延ばししているのと同じです。

古いモノ好きのあなたは、今日の仕事になかなか追い着けません。

新鮮なモノを味わうことが大切なのです。

整理上手になるために 25
「まだ使える」けど結局「使わない」モノは、捨てる。

26 「修理すれば使えるモノ」を、取っていませんか。

今は壊れているけど、「修理すれば使える」というモノが、スペースを占拠してしまいがちです。

それは壊れた状態で置きっ放しで、そうかといって修理に出しているわけでもありません。

壊れている一部分を、「修理すれば使えるから」といって置いてあります。

今のように、テレビとかビデオデッキが家に何台もある時代になったら、やはり修理を要するモノは使わなくなってきます。

新しく買いかえないなら、早く修理に出せばいいのです。

ところが、かわりのビデオデッキがあったり、かわりのテレビがあると、結局置きっ放しになってしまっています。

それが家の中でジャマになっています。

修理すれば使えるモノで使わないモノは、捨てるか、または早く修理に出すことが大切です。

修理に出すと、今のモノは、ほとんど買いかえたほうが安いことがわかります。

これは家電製品だけではなくて、今世の中のほとんどのモノは、買い直したほうが安いのです。

そうすると、壊れた段階で、それは捨ててもいいモノになります。

修理に出すというぜいたくをしてまで持っている価値のあるモノだったり、修理に出すほど愛着のあるモノなら修理に出していいです。

やってはいけないことは、修理すれば使えるといって、壊れたままの状態で置きっ放しにしておくことです。

それはモノに対して失礼です。

整理上手になるために 26 「修理すれば使える」モノは、修理に出す。

27 中身の入っていないきれいな箱が、一生のゴミになる。

オフィスや家庭でジャマになっているのは入れ物です。
紙袋、包装紙、箱です。
誰でも見た目が美しくない箱は簡単に捨てます。
でも、きれいな箱は取っておきます。
この中身の入っていない箱がゴミになるのです。
あなたは部屋の「空間を、空間でつぶしている」のです。
器《うつわ》は中にモノを入れて、初めて収納の役目を果たします。
収納スペースをたくさん持てば持つほど、部屋の空間はどんどん狭くなります。
この場合、空間を広げるのは簡単です。

中身の入っていないきれいな箱を捨てればいいのです。

そうすれば、そこにきれいな空間が生まれます。

箱自体は美しいものです。

しかし、箱が置かれた空間は美しくないものになっています。

あなたは、モノ自体が美しいかどうかではなく、それが空間を美しくしているかどうかを判断しなければいけません。

そうすれば、空間に何を置き、何を置いてはいけないかがよくわかります。

家のトーンが統一されていないところは、なんとなくちぐはぐな印象を受けます。

これはタオルを思い浮かべるとすぐにわかります。

タオルの色を1つにそろえると、統一感が出てきれいに見えます。

赤いタオルも白いタオルも青いタオルも、それぞれとてもきれいなモノです。

しかし、いろんな色が重なると、とたんに美しくなくなります。

美しいか美しくないかをトータルで考えていくことが必要です。

あなたがためている紙袋はきれいなモノばかりかもしれません。

でも、たくさんの紙袋が積み上げて置かれている状態は、決して美しくないのです。

整理上手になるために 27 中身の入っていない箱を捨てる。

28 「捨てると、必ず必要になる」というのは、錯覚。

あなたは、「いつか使うかもしれない」と思って取っておいたモノを、「実際に使った」ことがありますか？

誰しも、「捨てたとたんにそれが必要になった」という経験はあります。

しかし、だからといって、マーフィーの法則のように「捨てたモノは必ず必要になる」と思い込むのは大きな間違いです。

実はマーフィーの法則には落とし穴があります。

この「必ず」という部分がウソなのです。

「必ず」ではありません。

１００回捨てたうち、実際に後で必要になるのはせいぜい1回です。

残りの99回は必要にならなかったということです。

この、たった1回の経験が、あなたに「必ず」という印象を植えつけたのです。

しかし、100回のうち99回成功するなら捨ててもいいでしょう。

1回きりの経験で錯覚に陥ってはいけません。

1回の「捨てたら必要になった」ではなく、99回の「捨てて成功」に気づいてください。

美しい空間を手に入れるために、あなたは100回のうちの99回と1回のどちらをとりますか。

ぜひ99回成功して、必要な1回の時はまた改めて買うほうを選んでください。

整理上手になるために 28 捨てたモノが必要になるのは、1パーセントだと割り切ろう。

29 「そのうち骨董価値が出るモノ」が、一生のゴミになる。

あなたが捨てられない理由の1つに、「いつか骨董価値が出そう」というのがあります。

こういう考えでは、実際は骨董価値は出ません。

たくさんの人が「これは骨董価値が出る」と思って取ってあるモノは、残っている数が多すぎるのです。

逆に、みんなが「絶対に骨董価値が出ることはない」と捨てているモノは、数が少ないために価値が出てきます。

しかし、骨董価値は10年以上の長いスパンがあって生まれてくるものです。

ここで重要なのは、骨董価値が元値の2倍になっているかどうかです。

10年以上もの間置いていたスペースの家賃を考えたら、決してプラスとは言えません。

骨董価値は出そうとして出るものではなく、結果にすぎません。

お金儲けをしたいなら、もっと別の方法を考えたほうがいいでしょう。

骨董価値の出るモノは、好きで取っておいたモノがほとんどです。

好きで取っておいたモノなら、たとえそれがどんなに大きなスペースを取っていようが平気です。

それが何十年か後に、「なんでこの人はこんなモノを取っていたのだろう」というモノに骨董価値が生まれるのです。

今パッと見て「骨董価値が出そうだ」とあなたが感じるモノには、価値は出ません。

骨董価値は、世の中に同じモノがいくつ存在して、それを求める人は何人いるか、という需要と供給の関係から生まれます。

誰もがこれは将来高く売れると思うモノは、定価ですら売れません。

この世のほとんどの人が目にしているモノの骨董価値が出てくるのは、早くて10

0年後です。

骨董屋さんに持ち込まれる骨董価値のないモノは、「粗大ゴミ」と呼ばれます。

あなたのまわりにあるモノは、骨董というジャンルで言うと、ほとんどが粗大ゴミです。

骨董屋さんなら「いくらで引き取ります」と言ってくれる古いタンスは、普通に捨てる時はあなた自身が処分料を支払わなければならない代物《しろもの》です。

あなたがいつか骨董価値が出ると思うモノは取っておいてはいけません。

特にアンティーク物は、中途半端な古さのモノがもっとも価値がつきにくい。

１００年物ならアンティークと呼ぶにふさわしく、インテリアとしてもおしゃれですが、10年物はただの古いモノとしか見られません。

整理上手になるために 29 「いつか骨董価値が出る」と思うモノは、価値が出ない。

30 ワンシーズン着なかった服は、捨てよう。

1年着なかった服は、一生着ることはありません。

「今年は着忘れたから、来年こそ着よう」と思っている服も、一生着ることはありません。

流行は繰り返すから、また必ず着られるようになる、とよく言います。

エリの幅が狭くなったり広くなったりしている。

ラインも微妙に細くなったり太くなったりしている。

そこで、「次にまた同じ流行が来た時に着られるから、まだ捨てないで取っておこう」と考えます。

しかし、次に来た流行は前とは違っています。

たしかに、流行は太くなったり細くなったりを繰り返しています。

ところが、5年周期で流行がめぐってきた時、5年前の細い形と今回の細い形とは違います。

5年前の形は、やはり古臭く見えます。

流行の服をずっと取っておく人に限って、今年の流行の服をまた買ってしまうのです。

それなら、時代や流行に関係なく、あなたの好みのタイプを1つ決めて押し通すことです。

そうすれば、モノが少なくてすみます。

モノが増えるのは今年流行のモノを買うからです。

流行のモノを買ってはいけない、と言っているのではありません。

流行のモノを着るというのは、今を生きるのにこんなに楽しいことはありません。

モノを買うことも持つことも悪いことではありません。

今年の流行のモノを買うなら、今年1年でそれを使い切る気持ちで着つくすことが大切です。

着つくすことで、買ったモノに対する満足感が出ます。

あなたが流行のモノを捨てられないのは、「せっかく買ったけれども、あまり着なかった」という後悔の気持ちがあるからです。

だから、今着ないのに残しておくのです。

それはモノ本来の価値とは関係ありません。

単にあなたが悔《くや》しい気持ちでいて、踏ん切りがつかないだけのことです。

せめてあと何回か着たら捨てたい、と考えます。

しかし、あなたが意識して着なかったのではない限り、クローゼットの中に入っている着ない服には、何か着ない理由があるのです。

ここ一番の時に着よう、と思っている勝負服は、ここ一番が毎日あるものではないからほとんど着ません。

友人の披露宴で1回着れば、みんながそれを覚えていて、「またあれを着ている」と言われてしまう。

かといって、ふだんコンビニに買い物に行く時に勝負服は着られません。

それなら、勝負服は1回着ることで十分役割を果たしたと考えるか、それがもったいないならふだん着としてどんどん着るしかないのです。
めったに着ない勝負服ほど、値段が高いためにタンスに残ります。
どんなに値段が高くても、着ない服はタンスの肥やしとなるだけです。

整理上手になるために 30 1年着なかった服は、一生着ない。

31 使わないモノは、①あげる、②捨てる。

使わないモノは、捨てるか、人にあげます。
人にあげると、何となくうしろめたさが救われます。
私も、いろんな人からもらったモノで使わないモノは秘書室のみんなにあげます。
秘書室にあげる時に、必ず一言、
「いらなかったら、捨てるかあげるかして」
という大原則を伝えています。
中谷さんからもらったモノは捨てにくい、と思われたら、気になります。
人からもらったモノをあげるのはイヤだという気持ちもあります。
私自身にもそうした抵抗はちょっとあるから、私は最初に言うのですが、「これは使う?」と聞けばいいのです。

自分で使ったら使ったでいいのですが、使わなかった時には捨ててもいいし、あげてもいいのです。

モノをくれた相手に悪いからとりあえず取っておく、というのはやめましょう。モノがたまっていくのは、ほとんどの人がとりあえず取っておこうとするからですが、これが一番ダメです。

あなたが今使うかどうか、一瞬考えてみてください。

「これは誰かにあげよう」と思う相手が見つからない時は、捨ててください。

今使うか、今捨てるか、今あげるか、全部「今」がついていますが、「今」が大事なのです。

いつかあげるとか、いつか捨てるとか、いつか使うとか思っていたのでは、机の上は「いつか」だらけになってしまいます。

「いつか」は、永遠に来ません。

整理上手になるために 31 あげるモノは、今、あげる。

32 今使わないもらいモノが、一生のゴミになる。

これは使わない、と思うモノは、最初からもらわないようにしましょう。

「使わなかったら捨てるかあげるかしてね」

「はい、わかりました」

もらった瞬間、これは今は使わないから誰かにあげよう、と考えたとします。あげる相手が思い浮かんだらあげようと思っていたのでは、またそこへ残っていくのです。

「よくわからないけれども、とりあえずもらっておこう」

ではダメです。

「今は使わないから誰かにあげようかな。でもまだあげる相手が見つからないから、そのうちあげる相手が見つかったらあげよう」

と思ってはいけません。

「あげる」というのは、整理術としては大事なことです。

自分のモノがなくなるわけですから、これは一種の生産的に捨てる行為です。

スペースを生み出す行為です。

しかし、「あげる」ということは大事なことなのですが、そのあげ方が、実は難しいのです。

「これは誰々にあげればいい」と、そのモノをあげる相手が思い浮かばないといけないのです。

人脈が広がるような人脈術を持っている人は、「あ、あの人にあげよう」とすぐに思い浮かびます。

「これはあの人にあげると喜ぶ、あの人は使いそうだ」

というのは、一種のプレゼントです。

「これをあげたらあの人は使うかもしれない、喜ぶかもしれない、あげてみよう」

と思った時に、まずその人にとってそれが必要かどうか、その人の好みに合うか合わないか、という問題があります。

相手が嫌いなモノをあげても仕方がないので、その感性を持っていないとモノはあげられません。

整理上手になるために 32 使わないモノは、もらわない。

33 あげる人を選んでいるうちに、一生のゴミになる。

モノをあげる簡単な方法は、「一番早く会った人にあげること」です。

あの人にいつ会うかわからないけれども、会った時にあげようなんて思っていたら、また残ってしまうのです。

モノは、常に「残ろう、残ろう」とします。

あげようと思う人が浮かんだとしても、その人とは年に1回しか会わないという時は、その人に送ってあげればいいのです。

ところが、「取りに来て」と言われると、相手は困ってしまいます。

相手はもらうのだから、「送ってください」とも言いにくい。

「着払いで送ってください」とこまかいことを言わなければなりません。

取りに行くのも、忙しいからなかなかすぐには行かれない。

そうなると、結局ヘンなシコリが残ってしまいます。

あげる相手が見つかったら、今度会った時にあげようではなくて、すぐ送ってしまうのです。

たとえば、今日持って帰れない、結構荷物になるような大きいモノだったとします。

でも、この後はまだ仕事があってどこかへ行かなければいけない時、「ありがとうございます。今度持って帰ります」では困るのです。

結局、あげる側の人も欲しい人が取りに来るまで捨てられないことになるのです。

「今度取りに来ます」と言われたら、送ってあげましょう。

今日は持っていかれないと思ったら、それはもらってはいけません。

せっかくだから、もらわないといけない、という気持ちもわかります。

今ここで自分が使えないと思ったら、「それはちょっと使えないから」と言ってそこで辞退するという選択肢も残しておかないと、結局くれる相手のところに残ってしまうので、相手に迷惑がかかります。

ベッドマットを取りに来ない人がいるのですが、これは、「いる」と言う側にも責任がある。

「今度取りに行く」と言って取りに来ない人間にも問題があります。

今モノを捨てるというのは、サービスとしてはすごく大事なビジネスになっています。

捨てるには、お金がかかるのです。

引っ越しでなくてベッドマットを運ぶというのは、これまた難しい作業です。

今宅配便会社でもそういう作業をやってくれるのですが、モノを運ぶことは、それぐらいエネルギーがいることです。

「これをあげる」と言うことも、なかなか難しいのです。

その相手が困らないように「使わなかったら捨ててね」という心くばりをしていくことが大事です。

でも、今使わないモノは、今あげるか今捨てるかしてください。

整理上手になるために 33 もっとも早く会った人にあげる。

34 1つ買ったら、1つ捨てる。

1つ買ったら、1つ捨てる、この大原則を守らないとダメです。

つまり、あなたが「このモノを買おう」という決心をしたら、捨てるモノを考えておきましょう。

買う時にあなたの家の収納場所が頭に浮かんでいないとダメです。

たとえば、この色の服を買うぞ、これはオシャレだから買おう、と思います。

買うことは、悪いことではないのです。

その時に、これと似たあの服は、お役御免。

「ご苦労さま」で捨てていいという決心をするのです。

買う時に、あなたの頭の中でダンドリがついていないとダメです。

買うのは一苦労ですが、でもそれを考えていけば、家の中で永遠にモノが増え続けることは、決してないと思います。

あなたのビジネス用のデスクにしても、何かを取り寄せた場合には、これはいらないというモノが必ずあります。

それは、同じモノではないかもしれません。

コートを買ったからコートを捨てるということではないかもしれません。

ある1つの資料から1つのファイルが生まれたとしたら、もう捨てていいファイルはないか探します。

押し出し式のファイリングで考えたら、1つのモノを入れたら、先に入っているモノは1つ落ちていくという形でいいのです。

あなたの本棚を思い浮かべてください。

ギューギュー詰めでは抜き出せないし、2段に詰めたりすると、奥に何があったかわからなくなってしまいます。

何があるかわからない本棚に積んでいる本は、意味がありません。

今は使わないけれども、どうしても保管をしておかなければいけない、というモノもあります。

奥行きというのはどうしてもあるのですから、その奥行きの使い方を考えないといけません。

書類などを収納する場合、ふつうは手前に使うモノ、奥には保管物のスペースをとってしまうものです。

ところが、使っているうちによく使うモノが奥に入ったり、ほとんど使わないモノが前に出ていたりするのです。

たとえば夏服と冬服を入れかえる時に、ハンガーの手前と奥を入れかえる作業をしておかないと、1年中、出しやすいところにいつも同じ季節のモノがあることになってしまいます。

季節によってよく使うモノは、常に手前に来ていないとダメです。

しかし、よく使わないモノが往々にして手前にいたりする。

そうするとよく使うモノが奥に入ってしまうか、入りきらないで、帰ったら椅子の上に累積した状態になっていて、地層のようになっています。

出ていく時に、それを掘り返して探して着ていかなければいけない。

そうなると、その人のファッションセンスがダメになっていきます。

どんなにいいインテリアを買っても、どんなにいい椅子を買っても、服が積み上がっている状態ではおしゃれには見えません。

どんなにいい服が置いてあってもダメです。

整理上手になるために 34 捨てるモノが決まらないうちは、買わない。

35 似たような写真が、一生のゴミになる。

写真はどんどんたまるものですから、残すモノを選ぶ姿勢が必要です。

写真を捨てるのに抵抗があるのは、昔は写真の現像代が高かったからです。

今は写真の値段が安くなりました。

写真を何枚も撮《と》るのは、いいカットを撮るための練習です。

プリントして、「これがいい」と思ったモノだけを残せばいいのです。

似たようなポーズの写真が何枚もある時は、焼き増しせずに、一緒に写っている人にプレゼントします。

現像した写真を全部取っておかなければいけない、ということはありません。

全部取っておくのはモノがなかった時代の名残です。

最終的にあなた自身が思い出のアルバムをつくり上げることが大事ですから、自由に切りばりすればいいのです。

ある素材からコラージュしてもいいのです。

写真が現像して上がってきた時は、まだあなたのアルバムづくりのプロセスの途中です。

絵なら下書きの段階です。

そこからあなたのオリジナルのアルバムをつくっていきましょう。

写真は選ぶもの、切りばりしてもいいもの、という発想を持つのです。

それにはまず、写真はアルバムに全部はって残しておくものである、という発想を捨てなければいけません。

整理上手になるために 35 似たポーズの写真は、1枚だけ選んで捨てる。

36

タオルは、1枚ダメになった時が、総替えのチャンス。

あなたはタオルをどのように交換していますか。

たとえば、そろいのタオルを10枚買ったとします。

そして、「これはダメになったから捨てよう」と1枚ずつ捨てていきます。

不思議なことに、あなたの頭の中には、タオル1枚1枚について、これはまだきれいだ、これはもうダメだ、という認識があります。

1枚ダメになると、枚数が足りなくならないように、また1枚買ってきます。

残りの9枚に新しいタオルが1枚入ると、残りの9枚が突然古いタオルに思えてきます。

もったいないからといって、それをガマンしていてはいけません。

同じことを繰り返せば、そろいの9枚がいくらきれいでも、逆に古い1枚のために全部が古びて見えるだけです。

古本屋さんの店内を思い浮かべてください。

古本屋さんの本はほとんどがきれいです。

その中にすごく読み込まれたボロボロの本が1冊混じると、一気に全体が古本の雰囲気になってしまいます。

つまり、一部の古いモノ、汚れたモノが新しいモノ全体に影響を及ぼすのです。

1枚のタオルが汚れ、ダメになった時は、総取り替えのチャンスです。

どこかで総取り替えをしないと、いつまでもバラバラの状態のままです。

もらいモノのタオルが1枚入ると、柄《がら》を統一することが難しくなります。

ここで柄を統一することも大事ですが、使用年月のばらつきのほうがはるかに大きな落差を生みます。

1枚を捨てようと思う時は、10枚総取り替えの機会です。

整理上手になるために 36 タオルを捨てる時は、総替えする。

第4章

モノを捨てると、新しいアイデアが生まれる。

37 すっきりとした空間から、新しいアイデアが生まれる。

人は、モノを捨て、あいている時間、あいている空間をつくることでアイデアが生まれます。

空間や時間のあきがない人には、アイデアは浮かびません。

アイデアは余裕から生まれます。

次はこれ、次はあれ、といって一生懸命探していてはダメです。

モノを捨てると、これをこうやって、と頭の中がどんどん整理されます。

人生の成功はアイデアが次々と出てくることで達成されます。

アイデアがたくさん出ると、いいかげんなアイデアを捨てることができます。

時間と空間の余裕が生まれます。

つまり、広い机を持つことができるようになるのです。

そして、日銭《ひぜに》を稼ぐことから解放され、自由な時間を持つことができるようになります。

自由な時間、自由な空間からまた次のアイデアがポンと生まれます。

貧乏ヒマなしで、毎日忙しく日銭を稼ぐ人にはアイデアが生まれる余裕がありません。

日々、「これをやらなければならない」「あれはどこに行っただろう」と探しているだけで1日が終わってしまいます。

考えている時間がありません。

あなたの机のあいているスペースを見れば、アイデアがどれくらい生まれてくるかがわかります。

あなたは毎日どれくらいの時間をモノを探す作業に使っていますか。

それをあなたの一生に置きかえたら、何十年も探し続けていることになります。

ですから、「捨てるのはもったいない」という言葉に決して惑《まど》わされてはいけません。

それは、お金がもったいないのではなく、空間と時間がもったいないと考え直さなければなりません。

冷蔵庫の中で腐っているモノを「もったいない」からと食べたりはしません。

ここでもったいないのは健康です。

食べれば、おなかが痛くなります。

病気になって寝込んだら、また時間が奪われます。

「怖いな。早く捨てなければ」と思いながら捨てます。

しかし、あなたが机の上で腐っているモノを取っておこうとするのはなぜでしょうか。

これはあなたの貧乏性と優柔不断さが原因です。

「怖いから見たくない」「面倒くさいから片づけたくない」「忙しいから片づけている時間がない」と言って逃げていると、逆にあなたの時間が奪われる結果になります。

忙しいなら、なおのこと、早く片づけたほうがいいのです。

整理上手になるために 37 アイデアを出すために、捨てよう。

38 メモや書類は、捨てるためにある。

メモや書類を読む時は、「今、読んだら捨てるぞ」というつもりで、捨てることを前提に読むことが大切です。

私は、メモを読む時は、「これは読んだら捨てる」という自分の覚悟を決めるつもりで斜線を入れていきます。

でも、斜線を入れながらでも、取っておかないといけない部分が出てくることもあります。

その1行にマルをつけて、途中に斜線が横切ってはいても、切り抜いて、その部分だけ取っておくようにしています。

それは、捨てることを前提にして、ゴミ箱から拾い上げているようなものです。

全部残しているのは、流しそうめんを下で受けて食べている状態と同じです。そうではなく、流れているものの一部を拾い上げる、というつもりになることです。

この姿勢一つで全然違います。

最初から残すつもりで読んでいる人と、ゴミ箱の前に立って、最初から捨てるつもりで読みながら、ゴミ箱から拾い上げて読んでいる人とでは、読む熱意も違います。

捨てるつもりで読めば、どんなメモでもゴミになりません。

残すつもりで読むと、読み込めずに、もう1回読まないといけなくなります。読む熱意が足りないと、どうせ残すから、後で読み返せばいい、と思ってしまいがちです。

講演会に行くと、聴講者の中で、録音テープをとっている人がいます。

この人は、録音テープをとると、家の中には録音テープがいっぱいたまってしまいます。

録音テープを持ち帰っても、まず聞かないでしょう。

まず、講師が話しているその瞬間も聞いていません。

腕を組んだまま聞いて、メモもまったくとらないで、ただ録音機を回しているだけです。

それでは講演会の時間中もムダにしているし、話の中身も頭に残らないから、せっかくのチャンスをムダにして家に帰ります。

結局、家の中には永遠に聞かない録音テープだけが残ることになります。

その人は、いつか聞くつもりですから、テープだけがどんどんたまっていってしまいます。

私は地震が来るという覚悟でいます。

地震が来たら壊れてなくなるから、このメモは早く誰かに話したほうがいいし、本に書いたほうがいいという覚悟でいます。

整理上手になるために 38 捨てるつもりで、メモや書類を読む。

39 FAXのコピーが、一生のゴミになる。

ロール式の感熱紙型のFAX用紙を使っているオフィスでは、一生懸命FAXをコピーしている人がいます。

コピーして普通紙で見ているほうが、たしかにFAXとしてのクオリティーは高くなって、ちゃんとした書類のような気がしてきます。

でも、結局それは1週間以内に捨ててしまうモノです。

捨てることがわかっているのに、わざわざコピーしている時間もムダです。

紙代ももったいないです。

これがどれぐらいの期間で腐るのか、という賞味期限を見極めないとダメです。

たぶんほとんどは、コピーしなくてもいいものをコピーしています。

丸まってしまったり、紙も薄いし、変色もするから、コピーしておいたほうがきれい、という言葉にだまされています。

たしかにきれいでも、その結果、実はその人の膨大なスペースを奪ってしまっていることに気づいていません。

たしかにコピーをとったFAXのほうがきれいかもしれません。

でも、逆に、汚いと早く捨てようという気持ちになります。

手の汚れる仕事をしている人のほうが、年中手を洗っているから、手がきれいというのと同じです。

整理上手になるために 39 1週間以内に捨てるFAXを、コピーしない。

40

回覧物のコピーが、一生のゴミになる。

会社の中で回覧物をとめる人は必ず決まっています。

社内で流される回覧物を、「後で読むから」といってわざわざコピーをとっている人もいます。

回覧物のコピーをとるようではいけません。

その人は、自分が回覧物をとめている、という意識もありません。

回覧物を資料の中に挟んでなくしてしまう人もいます。

その人が損なのは、回覧が一番最後に回されることです。

つまり、その人は情報がなかなか入ってこない人になってしまいます。

いつも彼のところでとまるからとか、いつもなくしてしまうから彼は後回しにしよう、という発想になるわけです。

まわりのみんなからそういうレッテルが張られたら、その人は本当に大事な情報を回してもらえなくなります。

回覧板という形なら、回ってこないことが明確にわかります。

ところが、社内の情報には、実は回覧板の形態をとらない回覧システムがあるのです。

「その人は後回しにしよう」という情報の流れ方になると、その人は情報の中で孤立してしまいます。

情報を受け取ったら、必ずすぐに次の誰かに渡せば、自分のテーブルの上には残りません。

持ったボールはすぐに渡せばいいのです。

そこで1人でジャグリングしている状態の人がいるわけです。

会社の中で何かがなくなったら、彼のところを捜せと言われていて、捜すと必ず出てくる人もいます。

会社の中のブラックホールになって、すべてのモノを吸い込んでしまうような困った人になってはいけません。

整理上手になるために 40 回覧物はコピーしない。

41 集めることより、捨てることのほうが難しい。

ほうっておけばモノはあふれて散らかります。

モノを整理することが現代の大きなテーマになっています。

モノがなかった時代には、家の中がモノであふれかえるようなことはありませんでした。

家庭にもオフィスにもＩＴ関連機器が普及し、手に入れられる情報量が増えた結果、使用される紙の量も増え、デスクのまわりはいつも資料だらけです。

この資料はどう整理していけばいいのでしょうか。

今は集めることより整理するほうが難しい時代です。

インターネットで調べれば、情報はいくらでも簡単に集められます。

資料を集めるのが大変だったころは、整理を考える必要がありませんでした。

したがって、整理の仕方を教える人もいませんでした。

現在、ヤフーの検索エンジンで出てくる情報は膨大《ぼうだい》になって、検索作業を代行するサービスまであります。

ここで、検索したいキーワードを入れると出てくる何万という該当案件を絞り込む「整理」という作業が必要になります。

整理は素早くできないといけません。

もたもたしているうちに、あなたのまわりはモノでいっぱいになります。

モノは瞬間瞬間で増え、整理しない限り増え続けます。

整理上手になるために 41 モノは集めるより、整理することを考える。

42 机の上の仕事は、10分で片づく。

実は今、机の上がいっぱいになっている仕事というのは、10分ですんでしまう可能性があります。

たとえばA4で1枚の書類があるとします。

それを読むのに、1分ですみます。

読めば1分ですむ書類を、机の上に10枚並べたら、もう机の上は占拠されてしまいます。

机の上のA4で10枚分のスペースが、実は10分の仕事です。

10分あれば、そのスペースが新たに生まれるのに、その10分の作業を始めないために、机のスペースをなくしているだけのことです。

ところが、机の上が埋まっていると、「もう忙しくて、片づけているヒマがない」というような思い込みを持ってしまいがちです。

読んだらもう捨てていい資料が載っていて、それぞれ1分で読める資料なのに、「なんとなくすごく時間がかかる」仕事のような思い込みを持ってしまっているだけです。

つまり、それはなかなか始められない人です。

とりあえずこれは後で読もう、と思って取っておく人です。

目を通したら、もう捨てていいモノを、取っておく習慣になっていると、結局、机の上が占拠されてしまいます。

自分は忙しくて仕事ができないと思い込んでいる人でも、その10分がないことはないはずです。

取りかかってみると、意外に捨てられるモノだらけです。

整理上手になるために 42 捨てるための10分をけちらない。

43 例外が、一生のゴミをつくる。

整理に手間がかかるようだったらやり方が間違っています。

整理を簡単に続けられるための原則が大事です。

これは、「例外をつくらない」ということです。

「これは特別だから、残しておこう」と言い始めたら、「これも、これも」とみんな残ることになります。

あなたの法則をつくったら、それを途中で揺るがさないようにします。

名刺を捨ててしまって名前がわからなくなったら、次に会った時にまたあなたが名刺を出せばいいのです。

その時、「名刺をなくしてしまったので、またください」とはっきり言います。

相手は、名刺をなくしたことを気にするどころか、「またください」と来たあなたの積極性に好感を持つでしょう。

誰かに聞けば、その相手にたどり着けないことはないのですから、修復不可能になることは絶対にありません。

だから、例外を認めず、迷わず捨てればいいのです。

クローゼットを片づけると、次にげた箱、机の上と部屋中片づけたくなります。

今シーズンさんざん着尽くした服は、十分役割を果たしたから「お疲れさま」と捨ててもいいのです。

いずれにしろ、来年はもう流行《はや》らなくなって着られないかもしれません。

その瞬間に見極める決断力が必要です。

これをクリーニングに出すか出すまいかを迷っても仕方がないのです。

整理上手になるために 43 その都度迷わないように、原則を決める。

44 手紙を捨てると、手紙を書く姿勢が変わる。

手紙はなかなか捨てられません。

でも、古い手紙を持ち出して読み返していたら、キリがありません。

「どうやったら捨てられるか」という考え方ではなくて、「どうやったらうまく残せるか」という発想を持てばいいだけです。

まず、「これはどうしても捨てられない」と思うモノ以外は捨てることです。

昔の人は手紙をたくさん残しました。

これは情報が少なかった時代の話です。

たしかに手書きのモノは今でも値打ちがあります。

今、手書きの手紙は少ないからそれだけ残して、あとはほとんど捨てても大丈夫です。

また、頭の中では、思い出の手紙は捨てられないと思っていますが、思い出の手紙も意外に少ないものです。

手紙のほとんどはワープロ打ちされたお決まりの文句ですから、捨ててもなんら問題はありません。

人の書いたモノを捨てて失礼だと思うかもしれませんが、捨てられるような手紙を書いてはいけません。

これは発想が逆です。

あなたが書く時に、ちゃんと残してもらえるような手紙にしないといけません。

ワープロで打っていても、文章にあなたの思い入れが何か込められているならいいわけです。

ところが、いつもお約束の文章になってしまっていれば、捨てられてしまいます。

先日私は、「久しぶりにお会いできて楽しかったです」と手書きで書かれた手紙をいただきました。

実はその方とは私は初対面だったのに、ほかに一緒にいた人がみんな知り合いだったから、その方はみんなに同じ文章を書いてしまったわけです。

これではいくら手書きでも捨てていいなという気持ちになってしまいます。

たとえばiモードでメッセージが届いた時に、保存したくなるのはごく一部です。

残したいメッセージは、たしかにあります。

ただ、残したいモノがあるからといって、全部を残す必要もまったくないはずです。

「原則として、手紙は捨てていい」と言ったら、「いや、思い出のモノがあるでしょう」と必ず反論が出ます。

それはありますが、「100分の1の議論を、100に置きかえて」しまってはいけません。

100分の1は取っておいてください。

でも、100全部を取っておくことは意味がないでしょう。

100分の99の議論と、100分の1の議論を混ぜて考えてはいけません。

そう考えると、年賀状なんてほとんど残せません。

手紙を捨て始めると、あなたの手紙を書く姿勢が変わってきます。

手紙は当然残しておいてくれると思っている人は、たとえ手書きであっても、イージーな気持ちでお決まりの言葉を書いてしまいます。

受け取った相手はその手紙を取っておくべきだというのは、書き手の押しつけであり、傲慢《ごうまん》です。

とても捨てられないような手紙をもらったらうれしいし、相手は必ず取っておいてくれます。

あなたが少しでも取っておいてもらいたいと思うなら、自分なりの思いがちゃんと形になっている手紙を書こうと努力するでしょう。

自分なりの言葉を考え、何とか思いを伝えられるよう、手紙を書く姿勢が、自分に対してより厳しくなってくるはずです。

整理上手になるために 44

いい手紙を書けるようになるために、手紙を捨てよう。

45 旅行ガイドは、最新版だけしか使えない。

要は、部屋が片づかないのではなくて、捨て方の問題です。

雑誌でも丸ごと取っておくのをやめて、たとえ切り抜いたとしても、その切り抜きもたまってきます。

お店とか、おいしいモノの紹介でも、どんどん変わっていきますから、雑誌を取っておいたところで、結局は古い情報にすぎません。

10年ぐらい前のグルメマップをまだ持っている人がいます。お店がなくなっていることもあるから、10年前のグルメマップはもう意味がありません。

一番顕著な例は、旅行ガイドブックです。

旅行ガイドは最新版しか使えません。

旅行物は、雑誌が一番新しい情報を入れられます。

雑誌の特集は、今シーズンのために組んでありますから、一番信用できます。

雑誌の発売時期の関係もあるので、景色はすでに去年のモノですから、参考程度にします。

今年の旬《しゅん》の時期はこういうモノだと思えばいいことです。

名所旧跡は変わらないとしても、ホテルやレストランなどの情報に関しては、今年の雑誌が役立ちます。

旅行から帰ってきたら、あなたが行った場所の紹介だけを切り取って、アルバムなどに挟んで、残りは全部捨てます。

来年までその雑誌を取っておいても、もう使えない情報です。

雑誌の中でも、あなたが実際に足を運んだ場所の情報に絞ると、せいぜい2~3ページです。

それは単行本でも同じことが言えます。

これはパラドックスですが、毎年更新されずに、来年も使えるモノは、今年も使えません。

来年も使えるモノは、10年前も使えたモノです。

行動に関する書籍や情報は、ずっと変わらないモノと、今だけ必要なモノの二通りがあります。

今だけ必要なモノを取っておく必要はありません。

ずっと使えるモノは、必ず本屋さんにあります。

ずっと使えるということは、ずっと売れているということです。

それは定番になっているから、絶版にはなりません。

過去の旅行ガイドを全部棚に並べて、「これでどこへでも行けるぞ」と思っていても、その情報はどんどん古くなります。

最新情報でないと、旅行は楽しくありません。

その手の情報は、空港におりたら、現地にいっぱい並んでいます。

整理上手になるために 45 ガイドブックは、旅行から帰ったら捨てよう。

46 旅慣れている人は、持ち物が少ない。

会社の中で、事務用品を全部自分のひきだしにストックしてしまう人がいます。

本当は総務部の倉庫にあるべきモノなのに、手近に置くと便利なので、勝手に自分の机の中にストックを抱え込んでしまっているわけです。

なんでも自分の中に抱え込まなければ気がすまない人は、行動力のない人です。

総務に取りに行ったり、文房具屋さんに行けばいいだけなのに、そのフットワークが足りないのです。

ほとんどのモノは、持たなくても大丈夫です。

ほんの少しだけ動けばいいことなのに、座ったままですべてを片づけようとするので、端末を叩けば出てくるモノまで取っておいたりします。

そういうタイプの人が旅行すると、身のまわりのモノを何もかも全部持っていくことになります。

旅慣れている人は持ち物が少ない。

現地で借りればいいとか、現地で買えばいいと思って旅に出ます。

全部家の中にモノを抱え込まなければ気のすまない人は、身軽に出かけられません。

それは人生の旅でも旅慣れていない人です。

モノを捨てることは節約です。

節約している人ほど、モノを持とうとしないので、どんどん捨てます。

私は別に節約している意識はまったくないし、むしろ結構ぜいたくしています。

でも、節約のススメの本を読んだ時に、相通ずるものを感じました。

本人としては、それは徹底しているのではなくて、シンプルに割り切っているだけです。

モノがあふれてくるのは、ホテルのアメニティーグッズを持って帰る発想です。

結局、1度も使うことなく、洗面台の下あたりに、束になって眠っています。

結局、モノは神様からの預かり物だから、自分で持つ必要はありません。

今はもうお客様フトンもいりません。

貸しフトン屋さんのある時代ですから、狭い家の中に、かさばるお客様フトンを置くことはありません。

第一、お客様自体、めったに来ません。

酔っ払いの同僚に泊まられる羽目になっても、ソファにゴロンと寝てもらえばいいのです。

「なんだい、この家はお客様フトンもないのか」とは言われません。

泊まってもらうスペースがそもそもないのに、お客様フトンを置いているのは矛盾です。

それでも、何かスペアがあるのは、お客様フトンを出す楽しい情景を想像しているのでしょうか。

整理上手になるために 46 旅先で買えるモノは、持たない。

47 キッチンの片づき具合で、レストランの味がわかる。

キッチンが散らかっているのは、よく使っているからではなく、ほとんど料理をしていないからです。

洗っていないこともあったりします。

食べ物屋さんへ行って、この店がおいしいかどうか、店が流行っているかどうかを見極めるコツがあります。

厨房《ちゅうぼう》の中を見た時に、片づいているところは流行っています。

流行っていないから片づいているのではないのです。

忙しいから片づいているのです。

そうしないと、忙しくてやっていられないのです。

仕事ができる人の机が片づいているのは、当たり前の話なのです。

食べ物屋さんで、今オープンキッチンの店が多いですが、オープンキッチンで散らかっている店を見たら、食べたくなくなってしまいます。

流行っていないお店の共通点は「散らかっている」ということです。

洗っていない、掃除が行き届いていない、散らかっている、しかも店がヒマなのです。

それが改善された後、大体オープンキッチンになっています。

オープンキッチンになると、お客様に見られるので仕方ないから一生懸命片づけるし、忙しくなればなるほど片づけるようになるのです。

あなたのスペース、あなたの仕事場はオープンキッチンになっても大丈夫ですか。

これが見せられる収納になるということであり、あなた自身の片づけができるようになるということです。

整理上手になるために 47 料理の腕をあげるには、キッチンを片づけよう。

48 掃除は、時間をはかりながらすると、早くなる。

掃除というのは、チェックしながら捨てていく作業です。

時間がかかると、掃除をしなくなります。

掃除に時間をかけている人は、掃除の回数がどんどん減っていきます。

「掃除をしなさい」と言われて、毎日2時間もかけて掃除をしていたら、毎日はやらなくなります。

そうすると、月に1回になる。

そうなると、ますますやりたくなくなります。

掃除のコツは、手早くすることです。

短い時間でできるからこまめにできるようになるのです。

整理整頓のコツは、

「ムリなことはやってはいけない」

「時間がかかることはやってはいけない」

「エネルギーがいることはやってはいけない」

ということです。

そんなことでエネルギーを使っていたのでは、続きません。

目的は、より豊かに生きることです。

より楽しむこと、活用すること、その恩恵にあずかることが大事なのです。

人間は整理整頓や掃除をするために生まれてきたのではありません。

掃除の時間を短くするためには、スピード掃除が必要になります。

スピード掃除をするためには、今自分が掃除にいったいどれぐらいの時間をかけているか、まずはかってみるのです。

あなたが、「掃除は面倒臭いな」と思ったら、「よし、自分はいったい1回の掃除をするのにどれぐらいの時間がかかっているか、はかってみよう」と、掃除にかかる時間をはかってみるのです。

人間は、時間をはかると、その時間を短縮しようという気持ちが必ずわいてきます。

これは、本能です。

「このぐらい時間がかかった」ということがわかれば、「これを10パーセント早くするには、10分短くするにはどうしたらいいか」ということを考えるようになります。

この次また掃除する時に時間をはかってみることで、掃除の時間はどんどん短くなります。

うまい手抜きの仕方を覚えていくのです。

これは簡単です。

掃除の大原則は、時計まわりでやるということです。

たとえば、四角い部屋を掃除する時、時計まわりでやります。

掃除で何が一番手間がかかるかというと、行ったり来たりすることです。

あれを取りに行って、これを取りに行って、1回やったところを何度も何度もグルグル重ねてまわるのは、手間がかかります。

早く掃除をやるコツは、1回で終わらせることです。

これは反時計まわりでもいいんですが、時計まわりと決めておけばいいのです。そうしないと、全体をやっているうちに、またホコリがたったりします。

もう一つ、非常にわかりやすい原則は、下から上へ掃除したらホコリが落ちてしまうので、上から下へ掃除をするということです。

道具は、最初から全部手に持ってやります。

必要なモノは全部、大工さんとかメイクさんがしているような道具の入れられる専用のエプロンに入れておくのです。

整理上手になるために 48

掃除の時間を短縮するために、時間をはかろう。

49 掃除をさせると、仕事の能力がわかる。

掃除をさせると、その人の仕事の能力がわかります。

掃除のダンドリのよさが、仕事のダンドリのよさです。

掃除のダンドリが悪い人は、まず下からやってしまいます。

ところが、下から上へ掃除をやっていくと、上を掃除しているうちにまた下が汚れてしまい、また下の掃除をやらなくちゃいけなくなります。

最初から、上から下へホコリを落としてやればいいのです。

こっちをやったりあっちをやったり、またモノを取りに行ったりして、また足跡がついたりということをやってしまうのは、ダンドリが悪いのです。

昨日やった掃除のやり方と、今日やる掃除のやり方を変えない人は、考えていないということです。

掃除は体でするものではなく、頭でするものです。肉体も使わなければいけないのですが、その時にダンドリを考えないといけないのです。

ダンドリを考えると早くできます。早くできると自分の時間が生まれ、部屋もきれいになり、喜ばれます。

「トイレの掃除をしてこい」と新入社員に掃除をやらせますが、これは根性論ではありません。

一つは、そういうところも掃除する、トイレもきれいにできる、清潔感を与えるということが大事だ、ということです。

社内の人に対しても、お客様に対しても、清潔感を与えることが大事です。

もう一つは、掃除をしながら、どうやったら早くきれいにできるかを考え始めることが大事です。

それを考えないで、いつも「イヤだなあ」と思いながらやっている新入社員はダメです。

「イヤだなあ」と思ったら、早くできる方法を考えればいいのです。

整理上手になるために 49 掃除のダンドリを、日々改良しよう。

50 頭を使うと、早くきれいになる。

ある企業の社長さんは、自分から率先してトイレ掃除をしています。

その社長さんは、掃除道具を見ると楽しくてしようがないということで、東急ハンズに行きました。

「中谷さん、便器を洗う時ね、ノズルが電動でグーッと回転するのがあって、それをやるとすごくきれいになるんですよ」

そういうのを見つけてくるのはいわゆるお道具から入るやり方です。

それで早くきれいになれば、また次の道具を探してくるというのも一つのダンドリを考える力です。

イヤだ、イヤだと思ったら、ロフトや東急ハンズへ行って掃除道具を探してくるという行為をしなくなります。

でも、早く片づけよう、きれいにやろうと思うと、道具を見つけに行くという行為ができるようになるのです。

これが「頭を使う」ということです。

これは、仕事のやり方にも反映します。

同じやるのだったら、楽しくやろう、もっとクオリティーの高いことをもっと早くやってやろう、となるのです。

同じ掃除をするのでも、ほかの人がやる掃除と自分がやる掃除に絶対差をつけてやろうと思うのです。

ここで差がついてくるから、掃除をやらせると、その人の仕事の能力がわかるのです。

整理上手になるために 50 他の人がやる掃除と差をつけよう。

第5章

本当に欲しいモノだけを、持とう。

51 モノを減らせば、モノは良くなる。

家の中にモノがあふれている人は、本当に欲しいモノを持っていない人です。「ボーイフレンドがいっぱいいます」と言う人は、本命の相手に出会っていない人です。

本命に出会った人は、中途半端なボーイフレンドはいらなくなります。ムダな時間を使いたくないし、明らかに本命のほうがいいですから、ちょっとでも長くその人と一緒にいたい、という気持ちになります。

お金持ちの家に行くと、モノが少ないと感じるのは、その人が本当に好きで、いいモノを持っているから、それ以上モノを増やす必要がないのです。

ところが、モノが多い人の家に行くと、なんか粗品でもらってきたようなモノがやけに多いのです。

それは、決定打がまだないからです。

捨てる行為は、実はムダづかいではありません。

本当に自分が欲しいモノを1個だけ買って、その1個だけを残すことで、余計なモノを持たないライフスタイルを手に入れることができます。

安物をたくさん持つよりは、いいモノを1個持ったほうが、最終的には節約になります。

これは「いいモノを持ちましょう」といういぜいたくのススメです。

ぜいたくのススメは、決して浪費のススメではありません。

安物をたくさん買うほうが、実は浪費につながります。

それはお金の浪費にもなるし、空間の浪費、時間の浪費にもなります。

ぜいたくのススメは、結局、節約のススメにつながります。

モノの数では満足感は得られません。

自分はいいモノを持っていないから、安いモノをたくさん持とうと思っても、あなたの得られる満足感は少ないはずです。

物欲は否定してはいけないと思います。

どうせ物欲を持つのなら、志《こころざし》の高い物欲、もっと大きな物欲を持ちましょう。

いいモノが欲しいと思うのは、志の高い物欲です。

いいモノがないから、せめて数だけは欲しいというのは、志の低い物欲です。

クローゼットにギューギューに洋服が入っていないと不安なあなた、本当は「片づかなくて大変」と思っているはずです。

でも、部屋の中にブランドの空き箱がいっぱいあると、なんとなくそれが安心感につながってしまっています。

その結果、部屋が片づかないことになんとなく安堵感を感じてしまっているというのでは、物欲が弱すぎます。

もっと強い物欲を持てばいいのに、それは実は物欲のない人なのではなくて、物欲が弱いだけなのです。

もっと物欲を持ったほうがいいのです。

本当の物欲は、たくさん持つことでは決して満たされません。

つまらないボーイフレンドがたくさんいても、結局ストレスがたまるばかりなのです。

整理上手になるために 51 ブランドの空き箱を集めて、満足しない。

52

たいていのビデオは、レンタルできる。

ドラマでもなんでも録《と》ったビデオが捨てられなくて、どんどんたまってしまう人がいます。

私はレンタルビデオ屋さんにあるモノは、全部捨てることにしました。

レンタルビデオ屋さんに行けば、1泊300円で借りられるモノが、家の中を占拠していてはいけません。

それだけで、ビデオのほとんどは減ります。

もちろん、もう放送されないかもしれないドラマもあります。

再放送は契約の期限があります。

すべてのドラマがビデオになるわけではありません。

それは録っておいても、最終的にレンタルビデオが出た時点で捨てるか、消していいという姿勢でいたら、半分になります。

２分の１になったら、そんなには増えていかないはずです。

ところが、全部残しているから、２倍、３倍と膨らんでしまうわけです。

今は、レンタルビデオに限らず、あらゆる資料が近所で手に入る時代です。

自分の部屋とか手元にどうしても置いておきたい、というのは単なる所有欲です。

そのモノを使いたいという欲求ではありません。

整理上手になるために 52 レンタルビデオ店にあるビデオは持たない。

53 何が入っているかわかれば、簡単に捨てられる。

何が入っているかわからないビデオは、半分以上捨ててもいいビデオです。

インデックスをちゃんと整理しないことが、ゴミのたまるもとです。

何が入っているかわからないフロッピー、カセットテープ、ビデオテープ、箱も場所ふさぎです。

何が入っているかわからないモノは、とりあえずあけてみることです。

中身が何であるかを把握すれば、ほとんどのモノは捨てられます。

何が入っているかわからないモノは、大体捨ててもいいモノです。

なぜなら、それはいつも使っていないモノだからです。

年中使っているモノは、そこには何が入っているか把握できています。

ところが、「あれ、何だっけ?」と考えなければいけないのは、そのモノとの接点がここしばらくなかったということです。

本当に大事なモノで、何が入っているかわからないモノはありません。

どこかに旅行して、お土産《みやげ》を多めに買ってきて、取っておくことがあっても、帰った直後でなければ、人にはあげられません。

大昔に行った旅行のお土産を、さも今行ってきたばかりのように人にあげることはできません。

「これは大昔に行った旅行のお土産なんだけど、よかったらいる? 使わなかったら捨てて」

と正直に言います。

そうすることによって、あげるか、捨てるか、どちらかを選んでいくわけです。

整理上手になるために 53 何が入っているかわからないモノは、捨てる。

54 豊かな人は、モノが少ない。

テレビでよく「豪邸拝見」というのをやっています。

豪邸拝見でモノの多い家は、所狭しとモノが並んでいるのですが、あまりお金持ちの感じがしません。

そして、ヨーロッパへ行ったりして、本当のお金持ちの家へ行くと、モノが少ない。

本当にいいモノしか置いていない。

空間が広いのです。

家が広いのではありません。

余計なモノを置いていないのです。

それは自信であり、余裕であり、その人の豊かさがあらわれているのです。

中途半端なモノをたくさん買うことによって豊かになることは、決してありません。

整理上手になるために 54 モノの数を、豊かさの基準にするのはやめよう。

55 1回しか使わないモノが、一生のゴミになる。

今、ほとんどのモノは借りることができます。

ある人が旅行をした時に、川へ行き、橋がなくて渡れないので船に乗り、船賃を払って川を渡りました。

その人は、「そうか、旅の途中には川があるから船がいるな、船を買おう」と思って船を買って、陸地をズルズルと船を引っ張って旅をした。

船を持って移動をしていたら、誰だっておかしいと思うでしょう？

そんなことを机でやっている人がいっぱいいるのです。

船を買ったのに「捨てろ」と言ったら、これはもったいない。

ですから、「これは、一体どれぐらいの時間、必要なモノなのか」と買う前に考えなければなりません。

ところが、今は借りることができるのです。

お金を払って、必要な時だけ乗せてもらうことができるのです。

そういうビジネスが、今はいっぱい出てきています。

昔、まだモノが少なかった時代は、貸すビジネスも少なかったのですが、今はほとんど借りることができるようになっています。

都市型のライフスタイルでは、冷蔵庫を持たない生き方もあります。

コンビニに行って買うほうが新鮮なのです。

コンビニがマンションの1階にあるとします。

そうすると、大きな冷蔵庫があるようなものなのです。

電子レンジもあるのです。

電子レンジも冷蔵庫もない家は貧乏なのでしょうか。

そうではありません。

より都市型のライフスタイルを送っているのかもしれないのです。

スーツケースをいちいち買わなくても、その都度借りることができます。

スキー場に行ったら、最新型のスキーもウエアも借りることができるのです。

しかも、そのウエアは、去年のタイプではなく、今年最新型のモノを借りることができます。

これが都市型のライフスタイルです。

「おれは何々を持っているぞ」と自慢しても始まらないのです。

それはモノがなかった時代のぜいたくであり、今はモノのないほうがぜいたくなのです。

これが所有価値よりも使用価値の時代だということです。

整理上手になるために 55 買うより、借りる。

56 借りっぱなしのモノが、一生のゴミになる。

家の中で取ってあるモノ、捨てられないモノは、自分のモノではなく、「借りているモノ」です。

借りていて「返し忘れているモノ」が、実はジャマになっているのです。

捨てられないし、埋もれていて、一瞬で目に入らない。

借りていることすら忘れてしまっているのです。

なんとなく、もう返したつもりになっているのです。

片づけ始めて、「なんだこれ、あ、これ返してないじゃない、これ返さないと」と思った時に、モノが減っていくのです。

借りているモノを返すだけで、モノは減っていきます。

これが必要なモノだったら、一番上に載っているはずです。もう使っていないから下のほうに埋もれています。

返さなければいけないのに返していないというモノがあると、友達をなくしてしまいます。

散らかっている机の上を探しても見つからないと、「それはもう返していなかったですか?」ということになるからです。

借りているモノを返すだけで、机の上は片づき、机の上にスペースが生まれます。

借りているモノは、用事が終わったらすぐ返しましょう。

ところが、常に借りている人は、借りっ放しになり、借りているモノだらけになります。

やがて、誰に借りたかわからなくなる、これが怖いのです。

「これは誰の傘だっけ?」という状態になるのです。

期間がたてばたつほど、傘には名前が書いてありませんから、わからなくなってしまうのです。

データとか書類、たとえば貴重な資料も、誰のモノかわからなくなってしまうのです。

うっかり間違ったりすると、「自分のモノじゃない。何かわからないけど、これ捨てちゃえ」となってしまいます。

そんな時に、とうとうしびれを切らした相手が、「あれ、おたくにいっていませんか？」と聞いてきます。

「いや、ありません。たしか返したはずです」と言う羽目になります。

これで友達をなくすのです。

借りているモノを返せば、机も片づくし、信用も保てるのです。

整理上手になるために 56 借りているモノを返す。

57 収納にきっちり入っているのは、収納ベタ。

収納スペースには、7割以上は置いてはいけません。

たとえば、クローゼットを思い浮かべてください。

これに120パーセント入っていても、100パーセント入っていてもダメです。

収納スペースは、70パーセントにとどめると片づけやすいのです。

30パーセントの余裕のあることが、収納スペースとしては片づきやすいのです。

この大原則を守っておけばいいのです。

ギチギチに入っているから戻すのがイヤになるのです。

120パーセント入ってしまっているから、1度出してしまうともう2度と入らないのです。

しかも、ハンガーが常に足りない。

仕方がないから「何かの服の上へかぶせちゃえ」となってしまうのです。

そうすると、その下に入った服が見つからなくなるのです。

コートの下に入ってしまった服は、永遠に見つからない、ということになってしまいます。

シーズンが終わったころに、「あ、これは一度も着ていないな、バーゲンで買ったのに」と、着たかったのに見失っていたモノが出てくるのです。

これはどういう現象かというと、ギューギューに入っている状態です。

冷蔵庫も、ギューギューに入れると、奥に何があるかがわからなくなります。

奥行きのあまりない冷蔵庫は、基本的に存在しません。

クルクルと回転させられる冷蔵庫が試作品であります。

奥の奥を存在させない、丸い円筒形で回すものです。

システムキッチンの角のところで回す仕組みのものがよくあります。

ああいう形の冷蔵庫は試作品ではあるんですけれども、でもほとんどの冷蔵庫は、奥まではわかりません。

だから、今冷蔵庫は、引き出せる形にして、奥と手前の差がないようにしているのです。

通常、びっしり詰まっているから、奥のモノがまったく見えないのです。

結局詰めれば詰めるほど、使えるスペースは狭くなるのです。

冷蔵庫の場合は、それで冷え方が悪くなることもあります。

押し入れの場合は、ギチギチに詰まっていると換気が悪くなり、カビが生えてしまいます。

ギチギチに詰まっているものだから、ギューギュー押し込んでも片づかない。

中に入らないから、面倒臭いから出しておく。

何かを探す時に、ムリに出したりすると、戻すのが大変で面倒臭いからまた外につるす。

どんどん人に見せられない状態になっていってしまうのです。

3割は、出し入れ用のスペースとしてとっておかないといけません。

これは「片づけの神様の通る道」なのです。

道がないと片づけの神様がそこへたどり着けないのです。

結局、道がないと、奥まった土地に店を広げているようなもので、片づけの神様が来れないのです。

一種の家の中における建ぺい率みたいなもの、収納場所における建ぺい率のようなもので、遊びの部分がないと、その場所自体が結局死んでしまうのです。

どういう形の収納物を選ぶかということではなくて、余裕を持たせるのです。

3割の余裕があれば、その場所は必ず片づきます。

7割を超えてはいけません。

まして12割というのは、もう論外です。

ところが、実際に片づかない人は、10割になったり12割になっているのです。

収納スペースは、とにかく増やしてはダメです。

整理上手になるために 57 収納スペースは、3割をあけておく。

58 戻しやすくなければ、結局、散らかる。

片づけのコツは、「取り出しやすさ」よりも「戻しやすさ」を優先することです。

片づけるというのは、元にあったところに戻すということです。

つい、取り出しやすさばかり考えてしまいます。

取り出したモノが部屋中に散らかっているわけです。

取り出しやすいから散らかっているのです。

CDのケースは、散らかるので困ります。

プレーヤーからCDを出して新しいCDを入れようと思った時に、出したほうのCDをむき出しのまま置くので、元のケースに戻っていないのです。

それが裸のまま積み重なっていっているので、ホコリが積もって倒れそうな状態になっています。

次に必要なCDを探す時、「あのCDはどこへ行ったっけ?」と、その山からまた探さないといけません。

「あ、あった」と思って見つけたケースの中はカラです。

今度はCDの中身はどこへ行ったのか、またその山を探すことになるのです。

片づけるというのは、とにかく次のモノを出したら、前のモノは元へ戻す、これが大原則です。

そうするためには、戻し方が複雑だとダメなのです。

とにかく新しいモノを端からどんどん袋に入れて押していく野口悠紀雄先生の「押し出し式」戻し方が楽なのです。

今までは、項目があって、アイウエオ順に並べておいたら、元のところへ返すという形にしていました。

アイウエオの50音で探してファイリングを元のところへ戻すとなると、これが意外に探すのが面倒臭いのです。

百科事典ですら「シー、シャー、シュー」とか言いながら元へ戻さなければいけないのです。

反対側へ押し出されたモノは何年も使っていないということ、つまり捨てるという形になります。

よく使うモノは、たとえば左端にどんどん入れているとしたら、左のほうに最新で使ったモノが残っている。

それをまた探す時も、最新のモノのある側を見ればいいということです。

ところが、整理が趣味の人は、「よし、50音順にしてやろう」と言って、50音順にしたりするので、戻すのがまた面倒臭くなるのです。

整理上手になるために 58

収納は、出しやすさより、戻しやすさを優先する。

59 「やせたら着られる服」が、一生のゴミになる。

「やせたら着よう」と思う服が、クローゼットの中で使われないまま眠っていることがあります。

直しに出して、少し幅を広げてもらえば着られる服でも、まだ直しに出さないで、「やせたら着よう」と思って持っています。

お気に入りの服を直しに出そうとしないのは、そこには、やせたい気持ちがあるからです。

やせようと思って努力するのか、それとも仕立て直しをして幅を広げてもらうのか、はっきり自分で決めたほうがいい。

その服を捨てるか、取っておくかは、そのどちらかの選択しかありません。

ダイエットの場合は、いつまでにやせるという締め切りを決めることです。

いつかやせたらと思っている人は、まず努力しません。

「ダイエットしています」と口では言っていても、実は真剣味がありません。

なぜならば、締め切りがないからです。

締め切りを決めて、半年間で3キロやせようと思ったら、1カ月で0・5キロずつやせていかないといけません。

それで目標がはっきり見えるわけです。

ところが、いつか3キロやせようなどというのは、永遠にやせません。

やせた時の自分へのご褒美《ほうび》として、サイズの小さい服を取っておくことは、悪いことではありません。

ただし、その時は必ず締め切りを決めましょう。

ダメだったら捨てるよ、ということもつけ加えましょう。

たとえば結婚して、夫婦で暮らしている人なら、ご主人や奥さんに宣言することです。

いつかやろうと思って、取ってあるモノでは、英語カセットがあります。

カセットモノとか、ビデオテープモノはかさばります。

結局いつかやろうと思っているうちは、実行しません。

「いつまでにこれは捨てる」と決めたら、その時までにそのビデオを見なければいけない。

家の中でジャマになって捨てられないモノには、その手の教材物が多いのです。

自動車教習所は、半年という、うまい区切りができています。

自分が何か勉強用の教材を買った時は、やはり期限を持たせないと、成就《じょうじゅ》できません。

整理上手になるために 59 「やせたら着られる服」は、期限締め切りを決めよう。

60

あとがき

机を見ると、その人の能力がわかる。

その人が仕事ができる人かどうかは、机を見ればわかります。

散らかっている机で仕事はできません。

今までは、机の上が散らかっている人ほど「精力的に仕事をやっている」と考えられていました。

特に日本人はオフィスで個室を与えられていないため、隣の人との境界がわりに机の両端に書類を積み上げています。

だから、いざ「あの書類を出して」と言われた時、「ない、ない」と探すのにかなりの時間がかかります。

「あれはどうなっている?」

と聞かれた時、本来なら、

「これはこうなっています」

とすぐ出てくるべきモノがなかなか出てこない。

必要な書類は、別の書類の下に埋もれて隠れています。

これは書類にとどまらず、行動のすべての側面で見られます。

机の上の状態がその人の能力をあらわしています。

机一つで、あなたが仕事をどう処理し、どう行動を起こし、どう決断するかがわかるのです。

これは占いでも何でもありません。

忙しく仕事をしている人は机の上を片づけている時間がないはずだ、というのは大間違いです。

机の上を片づける能力は、仕事を片づける能力と正比例しています。

机だけであなたの能力がわかってしまうのは恐ろしいことです。

しかし、机の状態は同時にあなたの調子もあらわしています。

机の上が散らかり始めたら、あなた自身の調子が悪くなっている、と考えなければいけません。
調子がよければ、机の上はどんどん片づくのです。

整理上手になるために 60 まず、机の上のモノを捨てよう。

中谷彰宏　主な著作リスト

恋愛論・人生論

『大人の友達と遊ぼう。』
『人生は、オーディションの連続だ。』
『犬を飼うと、恋人ができる。』
『都会に住んで、元気になろう。』
『泣きながら、笑おう。』
『大人の「ライフスタイル」美人になろう』
『好きなことをやって、成功する法則。』（竹村健一共著）
『人生をデザインする48の方法』（コシノジュンコ共著）
『なぜあの人は「存在感」があるのか』
『何もいいことがなかった日に読む本』
『運は使えば使うほど、増える。』（小林祥晃共著）
『お金のかからない222の大人のプレゼント』
『恋の奇跡のおこし方』
（以上、ＰＨＰ研究所）
『100歳まで元気に生きるために今できる43の方法』
『破壊から始めよう』
『一流の勉強術』
『20代自分らしく生きる45の方法』
『免疫力を高める86の方法』（野本亀久雄共著）
『ピンチを楽しもう』
『本当の自分に出会える101の言葉』

『大人になる前にしなければならない50のこと』
『自分で思うほどダメじゃない』
『人を許すことで人は許される』
『学校で教えてくれない50のこと』
『60秒で奇跡は起こる』
『失敗を楽しもう』
『20代でしなければならない50のこと』
『30代でしなければならない50のこと』
『ケンカに勝つ60の方法』
『自分のためにもっとお金を使おう』
（以上、ダイヤモンド社）
ポストカード『会う人みんな神さま』（ＤＨＣ）
文庫『背中を押してくれる50のヒント』
文庫『「恋愛運」を味方にする本』
文庫『想いは、かなう』
文庫『自分の魅力に気づく50のヒント』
文庫『前向きになれる50のヒント』
文庫『気持ちが楽になる50のヒント』
文庫『涙をこらえている君に』
文庫『みっともない恋をしよう』
文庫『お金で苦労する人 しない人』
『29歳からの「一人時間」の楽しみ方』
『25歳からの「いい女」の時間割』

『だから、君といるとハッピーになる』
『運命の人《ソウルメイト》と結婚するために』
『セックスの話をしよう』
『なりたい私になる』
『喜びは与えれば与えるほど与えられる』
『知性で運を開く』
『一行日記』
『人生を愉しむ50のヒント』
『心の中に火をつける50のヒント』
『魔法の時間をつくる50のヒント』
『昨日のノーは、今日のイエス』
『僕が君に魅かれる理由』（以上、三笠書房）
『足の裏を見るとその人がわかる』（ネスコ）
文庫『キッカケがわかる心理テスト』
文庫『才能を見つける心理テスト』
（以上、成美堂）
『大人のホテル』（オータパブリケーションズ）
『占いで運命を変えることができる』
『あなたにはツキがある』（以上、説話社）
『人生の答え』（テリー伊藤共著）
『自信がよみがえる58の方法』（日下公人共著）
『おもしろおかしく』
『人生の錬金術』

『王様の勉強法』（以上、メディアワークス）
『話芸王』『ほめ芸王』
『自分がブランドになる』
『「同い年」には共通点がある』（以上、PARCO出版）
『キスに始まり、キスに終わる。』（加藤鷹共著／KKロングセラーズ）
『子供を自立させる55の方法』
『子供は、ガンコな親を求めている』
『親を教育する62の方法』
『顰蹙《ひんしゅく》のススメ』
『煩悩のススメ』
『道楽のススメ』（以上、TBSブリタニカ）
『恋愛女王』『「裏」恋愛論』
『生き方のモデルになろう』
『カッコイイ女の条件』（以上、総合法令出版）
『南青山の天使』（全日出版）
『危ない男と、つきあおう』
『尊敬できる男と、しよう』
『口説かれる自信を、持とう。』（以上、大和書房）

『自分リストラ術』
『あなたが変わる自分アピール術』（以上、幻冬舎）
『和田一夫さんに「元気な人生」を教えてもらう』（中経出版）
『壁に当たるのはキモチイイ 人生もエッチも』（サンクチュアリ出版）
『挨拶の数だけ幸せになれる』（海竜社）

ビジネス

『人を動かせる人の50の小さな習慣』
『オヤジにならない60のビジネスマナー』
『スピード整理術』
『うまくいくスピード営業術』（以上、PHP研究所）
『面接の達人』シリーズ
『受験の達人2000』
『30代で差がつく50の勉強法』
『20代で差がつく50の勉強法』
『なぜあの人は集中力があるのか』
『なぜあの人は人の心が読めるのか』
『健康になる家 病気になる家』
『泥棒がねらう家 泥棒が避ける家』

『なぜあの人は仕事が速いのか』
『スピード自己実現』
『スピード開運術』
『スピード問題解決』
『スピード危機管理』
『スピード決断術』
『大人のスピード時間術』
『スピード情報術』
『お客様のファンになろう』
『スピード顧客満足』
『スピード意識改革』
『アメリカ人にはできない技術 日本人だからできる技術』
『携帯で声の大きくなる男 デート中にメールを打つ女』
『成功するためにしなければならない80のこと』
『なぜあの人は問題解決がうまいのか』
『成功の方程式』『しびれるサービス』
『大人のスピード思考法』
『しびれる仕事をしよう』
『しびれるブランドを作ろう』
『「アホ」になれる人が成功する』（木村政雄共著）
『大人のスピード説得術』
『ネットで勝つ』『eに賭ける』
『お客様に学ぶサービス勉強法』

『大人のスピード仕事術』
『大人のスピード読書法』
『スピードサービス』『スピード人脈術』
『スピード成功の方程式』
『大人のスピード勉強法』
『スピードリーダーシップ』
『今やるか一生やらないか』
『なぜあの人の話に納得してしまうのか』
『人を喜ばせるために生まれてきた』
『一日に24時間もあるじゃないか』
『もう「できません」とは言わない』
『お金は使えば使うほど増える』
『お客様が私の先生です』
『今からお会いしましょう』
『出会いにひとつのムダもない』
『なぜあの人は気がきくのか』
『お客様がお客様を連れて来る』
『お客様にしなければならない50のこと』
『なぜあの人は困った人とつきあえるのか』
『管理職がしなければならない50のこと』
『なぜあの人はお客さんに好かれるのか』
『なぜあの人は時間を創り出せるのか』
（以上、ダイヤモンド社）

『あなたのお客さんになりたい！2』
『あなたのサービスが忘れられない！』
『あなたのお客さんが戻って来る！』
文庫『あなたのお客さんになりたい！』
文庫『あなたの部下になりたい！』
（以上、三笠書房）
『時間塾』『企画塾』『交渉塾』
『人脈塾』『情報塾』『成功塾』
『自分塾』
（以上、サンマーク文庫）
『億万長者はガレージから生まれる』
『その他大勢から抜け出せ』
『複業で成功する58の方法』
（以上、成美堂文庫）
『レストラン王になろう2』
『レストラン王になろう』
『サービス王になろう』
『サービス刑事』『改革王になろう』
『私をホテルに連れてって』
（窪山哲雄共著）
『サービス王になろう2』
『ホテル王になろう』
『ホテル王になろう2』
（以上、オータパブリケーションズ）

『人を動かすコトバ』（実業之日本社）
『あと「ひとこと」の英会話』
（浜家有文子共著／DHC）
『プロデューサーは次を作る』（小室哲哉共著）
（飛鳥新社）
『デジタルマナーの達人』（小学館）
『技術の鉄人・現場の達人』（牧野昇共著）
『情報王』（長谷川慶太郎共著）
（以上、ビジネス社）
文庫『節目に強い人が成功する』
文庫『マニュアルにないサービスが成功する』
文庫『成功する人 しない人』
（以上、廣済堂）
『ホスト王に学ぶ82の成功法』
『オンリーワンになろう』
（以上、総合法令出版）
マンガ版『ここまでは誰でもやる』（たちばな出版）

小説

『受験王になろう』（ダイヤモンド社）
『恋愛不倫』『恋愛運命』『恋愛美人』
『恋愛旅行』『恋愛日記』『恋愛小説』
（以上、読売新聞社）

この作品は、二〇〇〇年八月にＰＨＰ研究所より刊行された。

著者紹介
中谷彰宏（なかたに　あきひろ）
1959年4月14日、大阪府堺市生まれ。早稲田大学文学部演劇科卒。博報堂のCMプランナーを経て、執筆活動へ。恋愛エッセイ・小説から人生論、ビジネス書まで、多くのロングセラー・ベストセラーを送り出す。舞台やドラマ出演など、幅広い分野で活躍中。

※本の感想など、どんなことでも、お手紙を楽しみにしています。
他の人に読まれることはありません。僕は、一生懸命読みます。
中谷彰宏

〒102-8331　千代田区三番町3番地10
PHP研究所　文庫出版部気付　中谷彰宏　行
＊食品、現金、切手などの同封は、ご遠慮ください。［出版部］

［中谷彰宏ホームページ］http://www.an-web.com
http://www.an-web.com/i/（iモード）

PHP文庫　スピード整理術
頭のいい捨て方・片づけ方60の具体例

2003年2月17日　第1版第1刷

著者　中谷彰宏
発行者　江口克彦
発行所　PHP研究所
東京本部　〒102-8331　千代田区三番町3-10
文庫出版部　☎03-3239-6259
普及一部　☎03-3239-6233
京都本部　〒601-8411　京都市南区西九条北ノ内町11
PHP INTERFACE　http://www.php.co.jp/
印刷所
製本所　凸版印刷株式会社

ISBN4-569-57901-9

PHP文庫

斎藤茂太 逆境がプラスに変わる考え方
柴門ふみ 恋愛論
酒井美意子 花のある女の子の育て方
堺屋太一 豊臣秀長(上)(下)
阪本亮一 できる営業マンはお客と何を話しているのか
佐治晴夫 宇宙の不思議
佐竹申伍 加藤清正
佐々淳行 危機管理のノウハウ(1)(2)(3)
佐藤綾子 すてきな自分への22章
佐藤勝彦 監修 「相対性理論」を楽しむ本
佐藤よし子 英国スタイルの家事整理術
柴田武 知ってるようで知らない日本語
渋谷昌三 外見だけで人を判断する技術
しゃけのぼる 花のお江戸のタクシードライバー
陣川公平 よくわかる会社経理
水津正臣 監修 「刑法」がよくわかる本
スチュアート・クレイナー 金利光 訳 ウェルチ 勝者の哲学
関裕二 大化改新の謎
瀬島龍三 大東亜戦争の実相
曽野綾子 夫婦、この不思議な関係

太平洋戦争研究会 太平洋戦争がよくわかる本
多賀一史 日本海軍艦艇ハンドブック
高嶋秀武 話のおもしろい人、つまらない人
高嶌幸広 説明上手になる本
高野澄 山本権兵衛
高橋克彦 風の陣［立志篇］
財部誠一 カルロス・ゴーンは日産をいかにして変えたか
武田鏡村 大いなる謎・織田信長
田島みるく 文／絵 お子様ってやつは
立石優 范蠡
立川志の輔 選・監修 PHP研究所 編 古典落語100席
田中宇 国際情勢の事情通になれる本
田中澄江 「しつけ」の上手い親・下手な親
田中眞紀子 時の過ぎゆくままに
谷沢永一 渡部昇一 人生は論語に窮まる
田原紘 ゴルフ下手が治る本
柘植久慶 宮本武蔵十二番勝負
帝国データバンク 情報部 編 危ない会社の見分け方
出口保夫 林望 イギリスはかしこい
童門冬二 男の論語(上)(下)

戸部新十郎 忍者の謎
外山滋比古 聡明な女は話がうまい
中江克己 お江戸の意外な生活事情
永崎一則 人はことばに励まされ、ことばで鍛えられる
長崎快宏 アジア・ケチケチ一人旅
中島道子 前田利家と妻まつ
中谷彰宏 運を味方にする達人
中谷彰宏 入社3年目までに勝負がつく77の法則
中谷彰宏 なぜ彼女にオーラを感じるのか
中津文彦 おりょう残夢抄
中村晃 直江兼続
中森じゅあん 「幸福の扉」を開きなさい
中山み登り 「あきらめない女」になろう
中山庸子 「夢ノート」のつくりかた
西野武彦 〈最新版〉経済用語に強くなる本
日本語表現研究会 気のきいた言葉の事典
日本博学倶楽部 「歴史」の意外な結末
日本博学倶楽部 「関東」と「関西」こんなに違う事典
日本博学倶楽部 雑学大学
野口吉昭 セルフ・コンサルティング